CW01651213

Lengua castellana 2 PRIMARIA

El libro **Lengua castellana** para 2.º de PRIMARIA es una obra colectiva concebida, diseñada y creada en el departamento de Ediciones Educativas de Santillana Educación, S. L., dirigido por **Enrique Juan Redal**.

En su elaboración ha participado el siguiente equipo:

Asunción Honrado Marchán
Concha Romero Suárez
Rosario Calderón Soto
Mónica Mendoza Abad
Cristina Cerezo Silva
Leonor Romo Fernández

ILUSTRACIÓN
Joaquín Marín Márquez

EDICIÓN Y DIRECCIÓN DEL PROYECTO
Leonor Romo Fernández

DIRECCIÓN Y COORDINACIÓN EDITORIAL
1.er CICLO-PRIMARIA
Maite López-Sáez Rodríguez-Piñero

Proyecto **Los Caminos del Saber**

Santillana

Cuadro de contenidos

TRABAJO CON OTRAS LECTURAS	EXPRESIÓN ESCRITA	PREVENCIÓN DE DIFICULTADES
• Texto informativo: *Animales con cuello largo* • Estrategia de comprensión: resumir	Presentarse	
• Texto poético: *El almuerzo* • Educación literaria: los poemas	Hacer una lista	• Prevención de dificultades de lectura • Prevención de dificultades de escritura
• Texto informativo: *Dentiplús, Petident* • Estrategia de comprensión: comparar	Describir a una persona	
• Texto poético: *Tantarantán* • Educación literaria: juegos con palabras	Escribir el final de un cuento	• Prevención de dificultades de lectura • Prevención de dificultades de escritura
• Texto informativo: *Celebrar la Navidad* • Estrategia de comprensión: identificar partes de un texto	Escribir felicitaciones	
• Texto poético: *Lo que dura un cuento* • Educación literaria: la rima	Escribir notas	
• Texto informativo: *¡Ven a conocer Holanda!* • Estrategia de comprensión: identificar el tema	Escribir invitaciones	• Prevención de dificultades de lectura • Prevención de dificultades de escritura
• Texto poético: *El fantasma bueno* • Educación literaria: los versos	Escribir titulares	
• Texto informativo: *Mermelada de cerezas* • Estrategia de comprensión: identificar conectores	Hacer carteles	• Prevención de dificultades de lectura • Prevención de dificultades de escritura
• Texto poético: *Los astros* • Educación literaria: recitar poemas	Escribir una noticia	
• Texto informativo: *Todo para sus pájaros* • Estrategia de comprensión: localizar datos	Escribir una postal	
• Texto poético: *De magia* • Educación literaria: los poetas	Escribir pies de foto	• Prevención de dificultades de lectura • Prevención de dificultades de escritura
• Texto informativo: *Un pequeño gran inventor* • Estrategia de comprensión: identificar la información principal	Describir un objeto	
• Texto poético: *A la rueda, rueda* • Educación literaria: la repetición	Describir un lugar	• Prevención de dificultades de lectura • Prevención de dificultades de escritura
• Texto informativo: *¡Qué difícil!* • Estrategia de comprensión: identificar subtemas	Expresar planes	

1 Kilómetros de cuello

MI PRIMER DICCIONARIO

manada

Conjunto de animales de la misma especie que marchan juntos.

*Vi una **manada** de lobos.*

trepar

Subir a un sitio alto agarrándose con los pies y las manos.

*Las ardillas **trepan** muy bien.*

- ¿Qué animales suelen ir en manada?
- ¿Sabrías trepar a un árbol? ¿Crees que es difícil?

En un lugar que está requetelejos vivía una **manada** de jirafas. Eran muy altas, tan altas como una casa de diez pisos. Tenían el cuello largo, largo..., larguísimo. La cabeza pequeña, pequeña. Los ojos negros, renegros. Las pestañas brillantes. ¡Y qué color tan vistoso tenían las jirafas! Eran amarillas como los girasoles, con manchas de color marrón chocolate.

Caminaban muy elegantes y tranquilas. La verdad es que nunca tenían prisa por llegar a ningún sitio. Pero había en ellas algo muy extraño: sus ojos eran tristones. De vez en cuando les caía, ¡plic!, una lágrima...; ¡plic!, otra lágrima...; ¡plic, plic, plic!; tres lágrimas.

¿Qué les pasaría a las jirafas? ¿Por qué lloraban si eran tan fuertes, tan graciosas, tan altas...? ¿Sabes por qué? Sus cuellos eran tan kilométricos que las pobres jirafas estaban siempre lejos de sus amigos. Casi no podían ver a los otros animales de la selva. Nunca podían charlar con ellos, contar bromas, jugar... Eso sí, de vez en cuando, algunos pajaritos volaban alto y las alegraban con sus cantos. Entonces las lágrimas se secaban por un rato. Pero cuando las aves volvían a sus nidos, otra vez: ¡plic, plic, plic, plic!

Un día pasó algo espantoso en la selva. Empezó a llover, a llover y a llover. La enorme selva se convirtió en un enorme lago. Los animales no sabían qué hacer. Unos se escondieron en los troncos huecos de los árboles. Otros se metieron en sus cuevas. Pero el agua subía, subía y subía.

–¡Rápido! ¡Escapemos! –gritaban todos.

Entonces Plutonia, la más vieja de las jirafas, tuvo una idea. Le dijo algo al oído a Clorinda, Clorinda se lo contó a Micaela, Micaela a Zoraida, Zoraida a Dositea... Y una por una, las jirafas abrieron las patas de delante y bajaron la cabeza. Entonces, todos los bichos de la selva **treparon** y treparon por sus cuellos, como si fueran ramas de árboles. Y luego, nada que te nada, con los cuellos fuera del agua, las jirafas se fueron hacia las tierras altas.

Poco a poco, la lluvia paró. Poco a poco, el agua desapareció. Y también poco a poco, los animales volvieron a sus cuevas, a sus nidos, a sus madrigueras o a sus hormigueros. Estaban empapados, chorreando agua, pero muy contentos.

Y lo mejor de todo es que, desde entonces, las jirafas ya no están tristes. Se acabaron los ¡plic, plic, plic! Ahora están orgullosas de sus cuellos. Y a cada rato, un animal mira al cielo y las saluda. ¡Tienen montones de amigos!

Trabajo con el cuento

COMPRENSIÓN

1 **Recuerda y completa.**

Las cabezas de las jirafas eran

Los ojos de las jirafas eran

Las pestañas de las jirafas eran

2 **Lee y contesta.**

- ¿Quiénes gritaban eso?
- ¿Por qué?

3 **¿Cómo ayudaron las jirafas a los animales? Ordena y explica.**

4 **Completa.**

Al principio, las jirafas se sentían muy tristes porque no tenían muchos amigos. Ahora, las jirafas

DRAMATIZACIÓN

5 Dramatiza con tus compañeros.

ANIMALES: ¡Huyamos de aquí! ¡Está diluviando!

PLUTONIA: ¡Chist, chist, Clorinda, acércate! Creo que sé cómo ayudar a los animales. Mira…

CLORINDA: ¡Qué idea tan buena! Voy a contársela a Micaela. ¡Eh, Micaela!, escucha lo que se le ha ocurrido a Plutonia.

MICAELA: Uhmmm… no sé… ¿Y si algún animal se cae y se hace daño? A ver qué opina Zoraida.

ZORAIDA: Bueno… Me parece un poco arriesgado, pero… ¡hay que intentarlo!

DOSITEA: ¿Qué os estáis diciendo al oído? Contádmelo.

ANIMALES: Mirad, ¡las jirafas nos dicen que subamos a sus cuellos! ¡Gracias! ¡Nos habéis salvado!

Competencias básicas

6 ¿Qué podría decir cada animal a la jirafa?

Para animarla:

____

____

Para darle las gracias:

____

____

Competencia social y ciudadana

Trabajo con el cuento

TALLER DE LENGUA

7 **Copia solo las palabras que tengan cinco letras.**

cielo amigos árbol selva jirafa

8 **Ordena y forma nombres.**

TO NIA PLU

DA RIN CLO

CA E LA MI

VOCABULARIO

9 **Completa con una palabra parecida.**

contenta anciana juguetona

Una jirafa **vieja**. ▶ Una jirafa

Una jirafa **alegre**. ▶

Una jirafa **traviesa**. ▶

10 **Copia y cambia la palabra *inteligente* por otra parecida.**

- La jirafa Plutonia es muy inteligente.

La jirafa

La lengua

Para escribir *¡Gracias, amigas!*, los animales de la selva han utilizado la lengua. Para decir *¡Gracias, amigas!*, los animales también han utilizado la lengua.

Cuando hablamos o escribimos usamos una **lengua**.

1 Relaciona.

hablar

escribir

2 ¿Qué lengua se habla en cada lugar?

Francia ▶ ______

China ▶ ______

Alemania ▶ ______

Rusia ▶ ______

Italia ▶ ______

Grecia ▶ ______

3 Contesta.

- ¿Qué lengua utilizas normalmente?

______

- ¿Qué lenguas te gustaría conocer?

______

El punto y la mayúscula

1 **Subraya la primera palabra y la que va detrás de cada punto.**

Las jirafas son las primeras de toda la selva en levantarse. Lentamente estiran el cuello y miran por encima de los árboles. Parece que hoy va a hacer muy buen día. Por fin ha dejado de llover. Hacía tiempo que no lucía el sol.

2 **Copia las palabras que has subrayado.**

Se escriben con **letra inicial mayúscula** la primera palabra de un escrito y las palabras que van detrás de punto.

3 **Relaciona y escribe todo seguido.**

No olvides los puntos y las mayúsculas.

Los elefantes		rayas.
Los gorriones	tienen	colmillos.
Las cebras		alas.

4 **Ordena las palabras y escribe oraciones.**

un | Hoy | hace | día | precioso

están | Los | animales | contentos | muy

brilla | El | sol | entre | hojas | las

5 **DICTADO. Prepara el dictado para hacerlo en tu cuaderno.**

Fíjate bien en las palabras que se escriben con mayúscula inicial.

Grandes vigilantes

Los animales de la selva están muy tranquilos. Las jirafas desde lo alto ven todo lo que pasa a su alrededor. Cuando alguien está en apuros, son las primeras en darse cuenta y rápidamente acuden en su ayuda.

Ortografía visual

6 **Memoriza y copia sin faltas.**

ave   hormiga   ballena

Trabajo con otras lecturas

Animales con cuello largo

Además de la jirafa, hay otros muchos animales que tienen el cuello muy largo. ¿Conoces alguno? Uno de esos animales es el camello. Tiene el cuello largo y curvado. Vive en el desierto y almacena grasa en sus dos jorobas.

Otro animal de cuello largo es el avestruz. El avestruz tiene el cuello delgado y blanco. Es un tipo de ave muy especial: no puede volar. Se desplaza utilizando sus fuertes patas.

Y otro animal con un cuello muy largo y flexible es el flamenco. El flamenco es un ave muy hermosa que nace con las plumas blancas. Después, al hacerse mayor y alimentarse bien, sus plumas se vuelven de color rosa intenso.

1 **Escribe el nombre de cada animal.**

2 **¿Qué has aprendido con la lectura? Marca dos casillas.**

- ☐ Que los camellos viven en el desierto.
- ☐ Que los avestruces tienen las patas débiles.
- ☐ Que las plumas de los flamencos se vuelven rosas.

3 ¿Qué tienen en común los animales de la lectura? Copia.

- Que tienen plumas.
- Que tienen el cuello largo.
- Que saben volar.

4 ¿Cómo tienen el cuello? Completta.

El camello tiene el cuello largo y

El avestruz tiene el cuello y

El flamenco

5 Completa el resumen de la lectura.

Título: Animales con

Muchos animales tienen

Por ejemplo, la jirafa, el ,

el y

6 ¿Qué otro animal podría aparecer en la lectura? Marca y explica por qué.

pez payaso

dromedario

loro

Escribo textos

1 **Lee con atención esta página de un diario.**

25 de septiembre

Hoy ha llegado a clase una niña nueva.

La profesora le ha pedido que se presentara. La niña nos ha dicho que se llama Ana, que tiene 7 años y que nació en Soria.

Nos ha contado que le encanta montar en bicicleta y jugar al parchís. También le gusta mucho patinar.

A mí, Ana me ha parecido muy simpática, así que mañana le preguntaré si quiere jugar conmigo en el patio. ¡A ver si nos hacemos amigas!

2 **Rellena esta ficha con los datos de la niña nueva.**

Nombre: ______ Edad: ______

Lugar de nacimiento: ______

Aficiones: ______

______

3 **Completa con tus datos.**

Me llamo ______

Tengo ____ *años y nací en* ______

Me gusta mucho ______

Repaso y practico

1 Escribe tres nombres de lenguas.

2 Completa con la letra adecuada.

H h P p T t V v

¡Vamos al cole!

☐oy ha comenzado el colegio de la selva. ☐ajarillos, ardillas y pequeñas serpientes van a clase. ☐odo el mundo está muy contento. ¡☐a a ser un buen año!

3 Escribe.

En el mar nadaba una .

Del hormiguero salió una .

4 RECUERDA LO QUE SABES. ¿Qué aprendiste el año pasado en clase de Lengua?

2 La sopa de clavo

MI PRIMER DICCIONARIO

malhumorado

Enfadado, de mal humor.

Carlos está hoy muy ***malhumorado***.

chisporrotear

Echar chispas una cosa que arde.

La leña empezó a ***chisporrotear***.

- Explica qué situaciones te dejan malhumorado.
- Di una oración con la palabra *chisporrotear*.

Una gallina estaba en la cocina de su casa nueva y suspiraba. Tenía ante sí noventa y ocho cajas de cartón repletas de objetos. Abrió una y encontró un cazo para hacer sopa y... ¡un clavo oxidado! De pronto, oyó una voz.

–¡Holaaaa! ¿Hay alguien en casa?

La gallina corrió a la puerta. En la entrada había un zorro esquelético.

–¡Buenos días! –dijo él–. Me pregunto si te apetecería cenar...

Ella iba a contestar cuando el zorro la agarró y gritó:

–¡Prepara algo sencillo! Tú, en una olla hirviendo a fuego lento.

La gallina se puso a pensar rápidamente y dijo:

–Vale, vale, pero ¿por qué no toma de primero una sopa de clavo?

–¿Sopa de clavo? –preguntó el zorro extrañado.

–¡Está riquísima! –comentó la gallina–. Si quiere, yo la preparo. Mientras, ¿podría desempaquetar algunas cosas?

El zorro empezó a abrir cajas. Cuando terminó de abrir las noventa y siete cajas que quedaban, la gallina le dio a probar una cucharada de sopa.

–¡Buaf! ¡Es agua caliente de color rojizo! –protestó el zorro.

–A ver... Sí –dijo la gallina–. Le pondré sal. Mientras, ¿puede pintar la sala?

El zorro se fue a la sala gruñendo y se puso a pintar. Cuando acabó, la gallina llegó con otra cucharada de sopa.

–¡Sigue malísima! –exclamó el zorro.

–Es posible –reconoció la gallina–. Le añadiré verduras... Entretanto, ¿podría montarme unos muebles?

El zorro miró **malhumorado** a la gallina, pero se puso a trabajar. Al terminar, la gallina le hizo probar la sopa otra vez.

–Mmmm..., está mejor –dijo–. Vamos a tomarla ya.

–Un momento –lo detuvo la gallina–. Le faltan algunas hierbas. ¿Qué le parece si, mientras, corta un poco de leña y enciende la chimenea?

El fuego ya **chisporroteaba** y el zorro dormitaba junto a él cuando la gallina se acercó con un cazo rebosante de sopa.

–¡Está de rechupete! –exclamó él comiendo sopa sin parar–. ¡Quién hubiera dicho que un clavo supiera tan bien! ¡Qué pena no poder tomar ni una cucharada más!

–Pues ahora ya puede comerme –dijo la gallina segura de que el zorro no podría seguir comiendo.

Entonces, el zorro, al darse cuenta de que le había tomado el pelo, soltó un gran eructo y se marchó furioso.

Trabajo con el cuento

COMPRENSIÓN

1 Recuerda y contesta.

- ¿Qué quería hacer el zorro con la gallina?

____

- ¿Qué dijo la gallina que iba a preparar?

____

2 ¿Qué hizo el zorro mientras la gallina cocinaba? Ordena y escribe.

- [ ] Cortar leña.
- [ ] Pintar la sala.
- [ ] Abrir cajas.
- [ ] Montar muebles.

Primero, tuvo que _______________

Después, tuvo que _______________

A continuación, _______________

____

3 Completa el resumen del cuento.

Un zorro quería comerse a una _______________
La gallina engañó al _______________ diciendo
que iba a cocinar una riquísima _______________
_______________ Al final, el zorro no se comió
a la gallina porque _______________
____

DRAMATIZACIÓN

4 Dramatiza con tus compañeros.

ZORRO: Oye, gallina, ¿qué hago con lo que hay dentro de las cajas?
GALLINA: Déjelo todo bien colocadito en los armarios.
ZORRO: ¿Armarios? ¿Qué armarios?
GALLINA: ¡Ah, qué tonta! Si todavía no están montados… Mire, mientras yo preparo la sopa, mónteme los muebles. Pero antes… pínteme la sala.
ZORRO: Brrrrrr… Está bien… ¿De qué color?
GALLINA: De amarillo huevo, naturalmente. ¡Es mi color preferido! ¿Y el suyo?
ZORRO: Yo no tengo colores preferidos. A mí lo que me gusta es comer gallinas.
GALLINA: Bueno, ahora, haga lo que le digo. Y luego podrá comerme tranquilamente.
ZORRO: ¡Qué gallina tan pesada!

Competencias básicas

5 Escribe con letras.

- ¿Cuántas cajas tenía la gallina en su casa?
- ¿Cuántas abrió ella?
- ¿Cuántas le abrió el zorro?

Competencia matemática

Trabajo con el cuento

TALLER DE LENGUA

6 ¿De qué son estas sopas? Ordena las letras y forma palabras.

De pes______ De ______ De ______

7 Completa con la letra que falta.

LL / Y — o__a

B / V — cla__o

S / X — o__idado

EXPRESIÓN ORAL

8 Explica cómo se hace la sopa de clavo.

Debes usar palabras como *primero, después*…

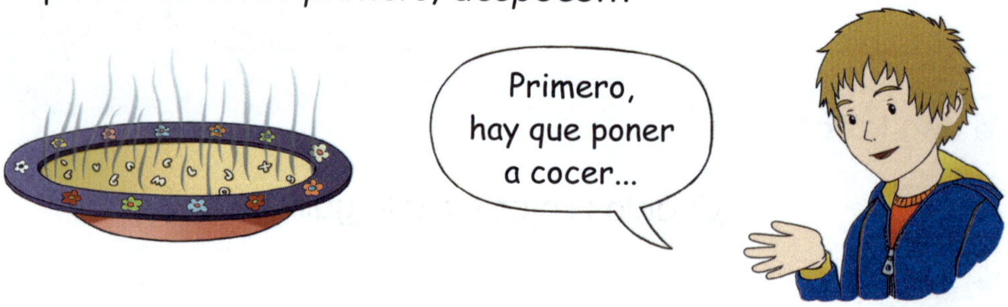

9 Pregunta a alguien y explica cómo se prepara algún plato que te guste.

Las letras. El abecedario

Cuando hablamos, pronunciamos sonidos. Cuando escribimos, utilizamos letras.

El conjunto de las letras de una lengua es el **alfabeto** o **abecedario**. Con las letras se pueden formar palabras.

1 Forma palabras con algunas de estas letras.

C M I A S A E T O

2 Escribe palabras.

De tres letras ▶

De seis letras ▶

3 Forma otras palabras cambiando solo la letra de la casilla coloreada.

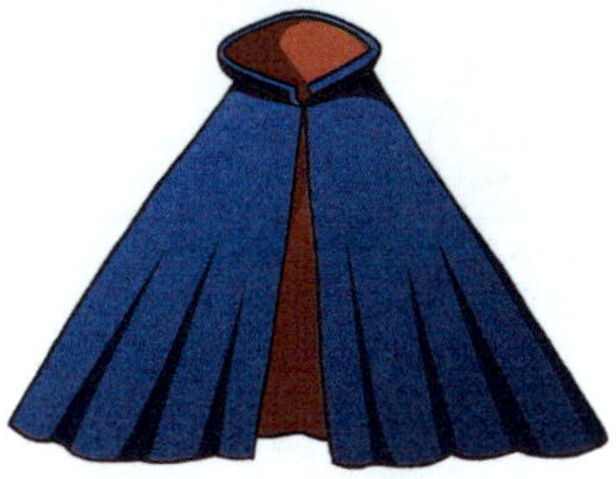

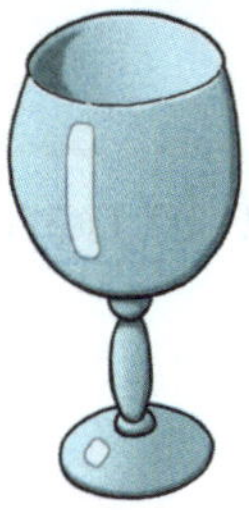

C A S A ▶ ▶ ▶

4 Escribe las 27 letras del abecedario.

Palabras con mayúscula

1 Subraya los nombres de personajes y de lugares.

La gallina respiró aliviada. Sabía que esa sopa estaba riquísima. Su tía Amalia les había dado la receta a ella y a su prima Isidora.

La tía Amalia vivía en Tropea, un pueblo del sur de Italia, y todos decían que era una excelente cocinera.

2 Copia los nombres que has subrayado.

De personajes ▶ ______ ______

De lugar ▶ ______ ______

Se escriben con **letra inicial mayúscula** los nombres de persona y de lugar.

3 Escribe el nombre de estos personajes de cuento.

Niña que se encontró con un lobo en el bosque. ______

Niño al que le creció la nariz por decir mentiras. ______

4 Contesta.

- ¿En qué lugar naciste?

Yo ______

- ¿Cómo se llaman tus padres?

Mis ______

5 **¿Dónde vive cada niño? Sigue los caminos y escribe.**

César

Elena

Saomín

Bulgaria

China

Perú

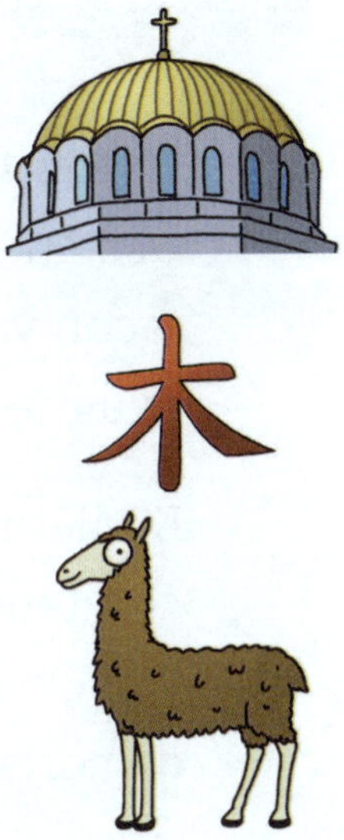

César vive en Elena

6 **DICTADO. Prepara el dictado para hacerlo en tu cuaderno.**

Fíjate bien en las palabras con letra inicial mayúscula.

Un invitado poco feroz

Últimamente al zorro lo invitan mucho a comer. En Villamayor, el ratón Ramón le preparó un suculento asado, y una liebre llamada Matilde hizo para él un sabroso pastel de zanahoria. Ahora el zorro ya no come gallinas.

Ortografía visual

7 **Memoriza y copia sin faltas.**

gamba cebolla zanahoria

Trabajo con otras lecturas

El almuerzo

Al tomarme la sopa
uso cuchara,
y con vaso me bebo
el agua clara.

El filete lo pincho
con tenedor,
y el cuchillo me sirve
de cortador.

Pongo el flan en el plato,
¡qué maravilla!,
y después me lo tomo
con cucharilla.

Servilleta de tela
o de papel,
como pájaro en nido
sobre el mantel.

ANTONIO A. GÓMEZ YEBRA

Los **poemas** suenan y se escriben de una forma especial.

1 Comenta con tus compañeros.

- ¿En qué se diferencian un cuento y un poema?
- ¿Qué te gusta más: leer cuentos o poemas?

2 Lee estos versos marcando el ritmo con palmadas al llegar a las sílabas escritas en color.

Al tomarme la sopa
uso cuchara,
y con vaso me bebo
el agua clara.

3 **Contesta.**

- ¿Qué come el niño del poema?

- ¿Te gusta lo que come? ¿Por qué?

4 **¿Qué cubiertos utiliza el niño? Escribe el nombre.**

Para tomar la sopa ▶

Para tomar el filete ▶

Para tomar el flan ▶

5 **¿Qué parece la servilleta en el mantel? Copia y completa.**

Parece un  en un .

6 **Copia sustituyendo los dibujos por palabras.**

Caldo de ,

nabo, ,

pimienta y .

¡Todo a la olla!

¡Qué rico está!

Escribo textos

1 Completa estas listas de la compra.

ALIMENTACIÓN

Una barra de pan.

Cinco kilos de naranjas.

___

___

DROGUERÍA

Detergente para lavadora.

Limpiacristales.

___

___

2 Completa con lo que quieras.

Una docena de ___ Un kilo de ___

Un paquete de ___ Un litro de ___

Una botella de ___ Un bote de ___

3 Explica para qué sirven las listas.

4 Haz una lista con lo que vas a llevar mañana en tu mochila del colegio.

___

___

___

___

___

Repaso y practico

1 **Escribe palabras.**

Que empiecen por vocal ▶ ______ ______

Que empiecen por consonante ▶ ______ ______

2 **Completa con los datos de dos compañeros.**

Nombre: ______

Lugar de nacimiento:

______

Nombre: ______

Lugar de nacimiento:

______

3 **Escribe.**

La cocinera lloraba al partir las  .

______

El conejo se comió unas  .

______

4 **RECUERDA LO QUE SABES.** **Copia y pon mayúscula donde haga falta.**

Hoy actúa el gran
javier Gómez.
no te lo pierdas.

______
______
______

Para leer mejor

1 Lee cada línea completa, sin pararte en cada palabra.

- Carlos fue de excursión.
- Carlos fue de excursión a la montaña.
- Carlos fue de excursión a la montaña con sus primos.
- Carlos fue de excursión a la montaña con sus primos el martes pasado.
- Carlos fue de excursión a la montaña con sus primos el martes pasado y se lo pasó fenomenal.

2 Lee y cuenta hasta dos cuando encuentres un punto.

Ayer estuve en el cine. Fui con mis amigos del pueblo. Vimos una película de vampiros. En la sala no tuve nada de miedo, pero luego me asusté un poco. La próxima vez elegiré una película de risa.

3 Lee con la entonación adecuada.

4 Lee despacio y marca la oración correcta de cada par.

- ☐ Marta está pintando un cuardro.
- ☐ Marta está pintando un cuadro.

- ☐ En el cielo había muchas estellas.
- ☐ En el cielo había muchas estrellas.

Para escribir mejor

1 **Copia dos veces sin salirte de la pauta.**

almohadilla barquichuelo relámpago

camaleón renacuajo estantería

2 **Copia separando las palabras.**

Haydosnidosenel jardín.

Hay dos nidos

Elárboltenía una ramarota.

Esaeslafuentenueva.

Elsenderorecorríaelparque.

Lashojascaíandelosárboles.

3 Pablo y el diente

MI PRIMER DICCIONARIO

pegajoso

Que se pega con facilidad.

El bote de miel está ***pegajoso****.*

palpar

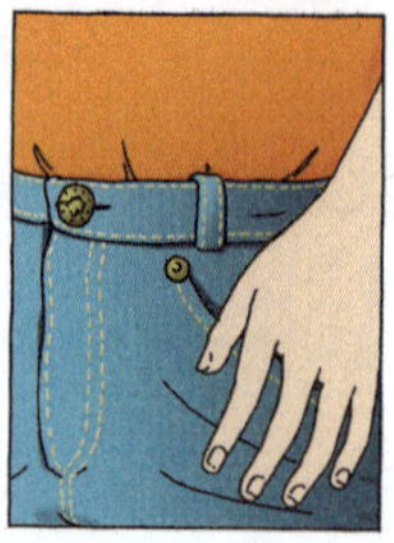

Tocar algo para reconocerlo o examinarlo.

Busqué la moneda ***palpando*** *el bolsillo.*

- Di cosas que puedan estar pegajosas.
- Cierra los ojos, palpa un objeto que te dé tu compañero y adivina qué es.

En el colegio cada día alguien presumía de un oscuro agujero en su dentadura y exhibía con orgullo la moneda de un euro que le había traído el Ratón Pérez. Así, todos menos Pablo.

–¡No hay derecho! –gemía–. ¿Por qué soy el único al que todavía no se le ha caído ningún diente?

Si los dientes no se caían solos, habría que ayudarlos a caerse. Pero ¿cómo? ¿Qué era lo que siempre repetía el dentista? ¿No era eso de que si comes muchos dulces, se te caerán los dientes?

Pablo entró furtivamente en la cocina. Miró a su derecha. Miró a su izquierda. No había nadie. Pablo corrió hacia el armario en el que su madre guardaba el tarro de los caramelos. Y a toda velocidad, se metió en la boca todos los caramelos **pegajosos** que pudo.

Ñam, ñam, ñam, ñam, ñam. Croc, ñam, crac. Ñam... Crac... Ñam.

Al cabo de un rato, Pablo empezó a sentirse mal. Sus dientes tenían que sentirse aún peor. Después de tanto azúcar, al menos uno tendría que caerse. Tiró, pero no se movió ninguno.

De pronto se le ocurrió una idea maravillosa y espectacular. Era tan espléndida que se felicitó a sí mismo por ella: le haría trampa al Ratón Pérez.

Aquella noche, Pablo recortó un trocito de papel negro, lo humedeció y se tapó con él dos dientes de los de abajo. Sonrió ante el espejo.

«Perfecto», pensó.

Luego colocó un par de dientes de plástico, de los de Drácula, debajo de la almohada.

«Muy bien, Ratón Pérez», se dijo Pablo. «Te crees muy listo. Pues vas a ver…».

Al día siguiente, Pablo se despertó y **palpó** debajo de su almohada. Los dientes de Drácula habían desaparecido. En su lugar había algo redondo.

–¡Mi moneda de un euro! –gritó Pablo agarrándola con fuerza.

Pero la moneda era de plástico.

«Tiene que ser un error», pensó Pablo.

Miró de nuevo debajo de la almohada, pero todo lo que encontró fue un trozo de papel azul celeste doblado y cubierto de estrellitas. Pablo lo desplegó y lo leyó. Las pequeñas letras doradas decían:

Trabajo con el cuento

COMPRENSIÓN

1 ¿Por qué lo dice Pablo?

2 Copia lo que es verdad.

- Pablo decidió hacer trampa a sus compañeros.
- Pablo decidió hacer trampa al Ratón Pérez.

3 Contesta.

- ¿Qué puso Pablo bajo la almohada?
- ¿Qué encontró Pablo bajo la almohada al día siguiente?

4 Ordena y copia para formar el resumen.

Un | niño | al | quiso | engañar | Ratón | lo | consiguió | pero | no | Pérez

Un niño quiso

DRAMATIZACIÓN

5 Dramatiza con tus compañeros.

MAMÁ: Pablo, ¿qué ha pasado con los caramelos?
PABLO: Ca... cara... ¿caramelos? ¿Qué caramelos?
MAMÁ: Los de este tarro. Había por lo menos 50.
PABLO: Ah..., esos caramelos..., los del tarro. ¡Me los comí!
MAMÁ: ¡Todos! ¡Tú solo! ¡Pero... Pablo!
PABLO: Mamá, es que no se me caen los dientes. Es que soy el único de mi clase al que le pasa. Es que...
MAMÁ: Es que, es que. Ven aquí. Abre la boca... Uhmm...
PABLO: Uhmm... ¿Qué?
MAMÁ: Que hay que tener paciencia, Pablo, y no comerse un tarro de caramelos. Si haces eso, el Ratón Pérez no querrá tus dientes y... ¡adiós moneda!

Competencias básicas

6 Completa este esquema sobre el cuento.

OBJETIVO: ¿A quién quería engañar Pablo?

Pablo quería ______________________

ACTUACIÓN: ¿Qué hizo para intentar lograrlo?

Puso dientes ______________________

RESULTADO: ¿Qué pasó al final?

Que el Ratón ______________________

____

Tratamiento de la información

Trabajo con el cuento

TALLER DE LENGUA

7 Busca en el cuento y escribe nombres.

De un niño ▶ ______

De un color ▶ ______

De un vampiro ▶ ______

De una moneda ▶ ______

De un mueble ▶ ______

De una profesión ▶ ______

8 Pide a tu compañero que te dicte tres palabras difíciles del cuento.

______ ______ ______

VOCABULARIO

9 Escribe lo contrario.

grande | vacío | blando

Un tarro **lleno**. ▶ Un tarro ______

Un caramelo **duro**. ▶ Un ______

Un diente **pequeño**. ▶ ______

10 Copia sustituyendo la palabra destacada por otra que signifique lo contrario.

- Pablo **abrió** la puerta de la cocina.

______

- Pablo empezó a sentirse **mal**.

______

La palabra y la sílaba

Cuando Pablo dice *¡Una moneda!*, da cinco golpes de voz: *u-na-mo-ne-da*. Al pronunciar palabras, damos golpes de voz.

Cada golpe de voz es una **sílaba**. Las palabras se dividen en sílabas.

1 Ordena las sílabas y forma palabras.

CA LO ME RA ______

RE LIZ GA ______

GO NO LA MI ______

2 ¿Cuántas sílabas tiene cada palabra?

- dentadura ☐
- pringoso ☐
- furtivamente ☐

3 ¿De qué sabores son estos caramelos? Escribe la sílaba que falta.

 na ____ ja

 men ____

 ____ món

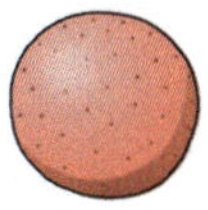 fre ____

 mo ____

 pláta ____

4 Tacha la sílaba *zu* y copia la nota.

Mamázu:

Nozu hayzu cazurazumezuloszu.

Pazublozu

______

______

______

Palabras con *ca, co, cu, que, qui*

1 **Copia las palabras destacadas.**

Sentado ante un trozo de **queso**, el Ratón Pérez pensaba en las **ocurrencias** de Pablo. Ese **chiquillo** había querido engañarlo. ¡A sus años! Pero al final le había cogido **cariño**. En el fondo no era mal **chico**.

Con **ca** ▼

Con **co** ▼

Con **cu** ▼

Con **que** ▼

Con **qui** ▼

Se escribe **c** delante de **a**, **o**, **u**: *ca, co, cu*. Se escribe **qu** delante de **e**, **i**: *que, qui*.

2 **Sustituye los dibujos por letras y copia.**

Pablo y Enri★e son amigos desde pe★eños. Se ★onocieron en el par★e. A los dos les en★anta jugar al fútbol. De mayores ★ieren estar en el mismo e★ipo.

3 **Escribe sus nombres.**

4 **Adivina y escribe.**

Si te las hacen bien, no paras de reír. ▶ Las

Anda despacito y saca los cuernos al sol. ▶

5 **DICTADO. Prepara el dictado para hacerlo en tu cuaderno.**

Fíjate bien en las palabras con **ca**, **co**, **cu**, **que**, **qui**.

Por fin

Pablo está encantado. Por fin se le ha caído el diente que él quería, el que más se ve. Siente un cosquilleo en el estómago. Quisiera que fuera de noche ya. Esta vez el Ratón Pérez no le puede fallar. Quién sabe lo que le traerá.

Ortografía visual

6 **Memoriza y copia sin faltas.**

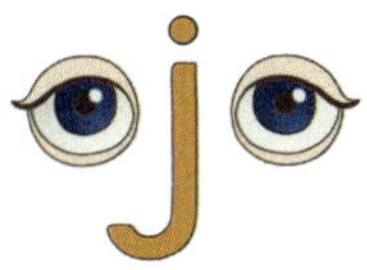

Trabajo con otras lecturas

Para los reyes de la casa

DENTIPLÚS **FRESA**
DENTIPLÚS **LIMÓN**
DENTIPLÚS **PLÁTANO**

DENTIPLÚS

¡El dentífrico que no pica!

Especialmente indicado para la higiene bucal de los más pequeños.

Refuerza y protege los dientes frente a la caries.

En tres tamaños: pequeño, grande y mediano.

No recomendado para menores de 5 años.

DESDE 3 €

CREMA DENTAL INFANTIL *PETIDENT*

Con sabor a mandarina

¡Con regalo de cepillo de dientes!

Dientes sanos con Petident, la crema que refuerza el esmalte de los dientes y cuida las encías.

Oferta de lanzamiento: 2,5 euros.
Solo disponible en tamaño familiar.

1 **¿Qué has leído? Marca.**

- ☐ Dos folletos.
- ☐ Dos anuncios.
- ☐ Dos cartas.

2 **¿De qué son los dos anuncios?**

____

3 **Escribe el nombre de cada dentífrico.**

______________ ______________

4 Contesta.

- ¿Con qué marca de dentífrico hacen un regalo? ¿Qué regalan?

- ¿Para quiénes no está recomendado *Dentiplús*?

- ¿Qué sabor de dentífrico te gustaría probar? ¿De qué marca es?

5 Completa.

	Sabores	Tamaños	Precio
DENTIPLÚS	Fresa, ___ y ___	Pequeño, ___ y ___	___
PETIDENT	___	___	___

6 Compara y contesta.

- ¿Qué dentífrico tiene más sabores?
- ¿Qué dentífrico tiene más tamaños?
- ¿Cuál es más barato?

7 Escribe algo para añadir a uno de los dos anuncios.

Escribo textos

1 **Lee y luego contesta.**

Mi profesor

Mi profesor de este año se llama Nacho. Es nuevo, pero ya se ha hecho amigo de todo el mundo.

Nacho es bajo y delgado. Sus ojos son oscuros y muy brillantes. Tiene el pelo de color castaño y bastante liso.

Yo creo que Nacho es muy simpático. Sonríe mucho y... ¡enseña muy bien!

- ¿Cómo es Nacho?

Nacho es ______

- ¿Cómo son sus ojos?

______

- ¿Cómo es su pelo?

______

2 **Elige y describe a una de estas personas.**

un vecino | un compañero | un amigo | un familiar

Mi ______ se llama ______

Es ______ Sus ojos son ______ Su pelo es ______

______ Yo creo que es ______

______

Repaso y practico

1 Rodea.

La primera sílaba		La última sílaba	
camiseta	bolígrafo	baloncesto	matemáticas
pupitre	mochila	granito	lámpara

2 Completa con *c* o *qu* y copia.

mos___ito — ra___eta — alcorno___e

rena___uajo — má___ina — abani___o

3 Escribe.

A los árboles se les están cayendo las .

Carlos compró en la joyería un .

4 RECUERDA LO QUE SABES. Divide cada palabra.

martes
En letras — En sílabas

blusón
En letras — En sílabas

4 La pelea

MI PRIMER DICCIONARIO

arroyo

Río pequeño con poca agua, riachuelo.

*El **arroyo** se seca en verano.*

blanco

Objeto hacia el que se dirige un dardo, una flecha…

*El dardo de Luis dio en el **blanco**.*

- ¿Hay algún arroyo cerca del lugar donde vives? ¿Dónde está?
- Di una oración con la palabra *blanco*.

Un día el sapo le declaró la guerra al mismísimo tigre. Fue a orillas de un **arroyo**. El sapo estaba cazando saltamontes cuando el tigre se acercó a beber y casi lo atropella. Harto de que los animales grandes se lo llevasen por delante, el sapo protestó:

–¿Es que no sabe pedir permiso?

–¿A quién? –se burló el tigre haciendo como que no veía al sapito.

–No se haga el gracioso y pida disculpas –bufó el sapo.

El tigre se enfadó y dijo:

–¡Silencio o te aplasto!

–Está bien –respondió el sapo–, si quiere pelear... Tráigase a sus amigos, que yo lo espero con los míos. Si gano, tendrá que decirme: «Mil perdones, señor don sapo, lamento haberlo atropellado».

El tigre aceptó y se alejó contento. ¡Por fin una juerga! Luego, reunió a sus amigos: pumas, zorros, gatos monteses..., y les explicó su guerra con el sapo. Los matones rieron a carcajadas mostrando sus hileras de dientes.

El sapo también reunió un ejército especial: un ejército de insectos. Nada de sapos y ranas, sino avispas, abejas, mosquitos... Cuando llegó la hora, el sapo les mandó esconderse y esperó solo junto al arroyo.

–¡Aquí estoy! ¡Aquí! –gritó desafiante–. ¡Os estamos esperando!

Y los amigos del tigre, muertos de risa, se acercaron corriendo, preparados para aplastar sapos.

–¡Al ataque! –gritó entonces el sapo.

El aire se oscureció con una gran nube de bichos. A los amigos del tigre de poco les sirvieron sus uñas y dientes contra los aguijones que les clavaban por todas partes. El sapo dirigía el combate:

–¡Por la derecha! ¡Cuidado con la retaguardia!

Las orillas del arroyo se convirtieron en un campo de batalla. Los matones aullaban de dolor, se sacudían... El tigre era el **blanco** preferido de todos los aguijones.

–¡Basta! ¡Me rindo! –aulló.

–¿Cómo dice? –gritó el sapo.

–¡Que me rindo! –volvió a aullar el tigre.

Entonces, el tigre recordó las condiciones de aquella pelea y dijo:

–Mil perdones, señor don sapo, lamento haberlo atropellado.

–Siendo así –dijo el sapo– la guerra ha terminado.

Y el arroyo volvió a ser un arroyo solitario, con un tigre lleno de picaduras y un sapito tranquilo, que caza saltamontes en la orilla.

Trabajo con el cuento

COMPRENSIÓN

1 **Recuerda y contesta.**

- ¿A quién le declaró la guerra el sapo?
- ¿Por qué?

2 **¿A quiénes llamó cada uno? Escribe nombres de animales.**

El tigre llamó a

El sapo llamó a

3 **¿Qué le dijo el tigre al sapo al final? Elige y copia.**

¡Silencio o te aplasto!

Mil perdones, señor don sapo.

4 **Completa el resumen del cuento.**

Un ______ se peleó con un ______

Ganó el ______ porque sus amigos picaron

con sus ______ a los amigos

del ______

DRAMATIZACIÓN

5 Dramatiza con tus compañeros.

TIGRE: Os he llamado para invitaros a una fiesta.
PUMA: ¿Una fiesta? ¿A estas horas? ¿De qué hablas?
TIGRE: Se trata del sapo. ¡Me ha declarado la guerra!
ZORRO: ¿Que el sapo te ha declarado la guerra? ¡Es buenísimo!
TODOS: ¡Ja, ja, ja!
PUMA: No me lo puedo creer. El sapo… a ti… la guerra. ¡Ja, ja!
TIGRE: Ese bicho vanidoso… ¡Se cree el príncipe de la charca! ¡Y dice que traerá a sus amigos!
ZORRO: ¡Hay que bajarles los humos a esos renacuajos!
PUMA: ¡Sí! ¡Vamos! Será divertido. ¿Dónde nos esperan?
TIGRE: En la orilla del arroyo. Si es que aún no se han arrepentido.
ZORRO: ¡A la cargaaaaaa! ¡Vamos a aplastar sapos!

Competencias básicas

6 Completa las oraciones.

insectos	mamíferos	anfibios

El tigre, el puma, el zorro y el gato montés son ______

El sapo y la rana son ______

Las avispas, las abejas y los mosquitos son ______

Interacción con el mundo físico

Trabajo con el cuento

TALLER DE LENGUA

7 **Escribe.**

Un nombre de insecto con **v** ▶ 

Un nombre de insecto con **b** ▶ 

8 **¿Cómo podrían llamarse? Inventa nombres de tres sílabas.**

9 **Copia dos preguntas del principio del cuento.**

EXPRESIÓN ORAL

10 **Imagina que eres el sapo. Cuenta tu pelea con el tigre.**

11 **¿Te has enfadado con alguien últimamente? Cuéntalo.**

¿Con quién te enfadaste? ¿Por qué?

¿Cómo se solucionó todo?

La oración

El tigre me empujó es un grupo de palabras ordenadas. Ese grupo de palabras ordenadas tiene sentido, por eso decimos que es una oración.

Una **oración** es un grupo de palabras ordenadas que tiene sentido.

1 Copia los grupos de palabras que tienen sentido.

- La abeja se posó en la flor.
- Abeja posó la se flor la en.
- Los afilados tigres tienen.
- Los tigres tienen afilados colmillos.

2 Ordena las palabras y escribe una oración.

Escribe mayúscula al principio y punto al final.

el | saltamontes | una | descansaba | hoja | en

3 Escribe una oración con cada pareja de palabras.

sapo charca

pájaro volar

4 Escribe una oración sobre ti.

Palabras con *za, zo, zu, ce, ci*

1 **Subraya en azul las palabras que tienen *za, zo, zu* y en verde las palabras que tienen *ce, ci*.**

Las había contado: tenía cien picaduras. Hasta en las cejas tenía alguna señal. ¡Qué picor! ¡Qué escozor! Hasta estaba mareado. El zumbido del ejército enemigo resonaba todavía en su cabeza.

2 **Copia todas las palabras que has subrayado.**

Se escribe **z** delante de **a**, **o**, **u**: *za, zo, zu*. Se escribe **c** delante de **e**, **i**: *ce, ci*.

3 **Completa y escribe sus nombres.**

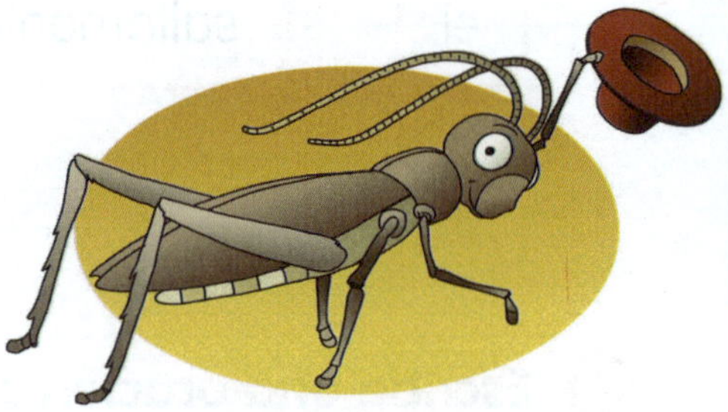

orro

lechu a

igarra

4 **Copia.**

Ayer cruzamos un río lleno de .

Me mojé las 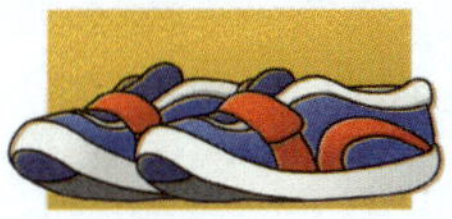 y los .

5 **Escribe dos palabras de cada clase.**

Con **za**, **zo** o **zu** ▶

Con **ce** o **ci** ▶

6 **DICTADO. Prepara el dictado para hacerlo en tu cuaderno.**

Fíjate bien en las palabras que tienen **za**, **zo**, **zu**, **ce**, **ci**.

Felices y contentos

Las abejas y las avispas se dieron un gran abrazo. Los mosquitos danzaron alrededor. El sapo, emocionado, agradeció su colaboración. Luego, vio a todos marcharse felices y perderse en el cielo azul.

Ortografía visual

7 **Memoriza y copia sin faltas.**

Trabajo con otras lecturas

Tantarantán

Tantarantán,
tantarantano.
El gusano
requetetemprano
saluda a su hermano.

Tenterentén,
tenterenteja.
A la oveja,
que está un poco vieja,
le pica una oreja.

Tintirintín,
tintirintina.
La gallina,
sentada en la esquina,
cloquea muy fina.

Tontorontón,
tontorontopa.
La marsopa,
mojada y sin ropa,
se toma la sopa.

Tunturuntún,
tunturuntuga.
La tortuga
hoy come lechuga
con matalahúga.

CARMEN GIL MARTÍNEZ

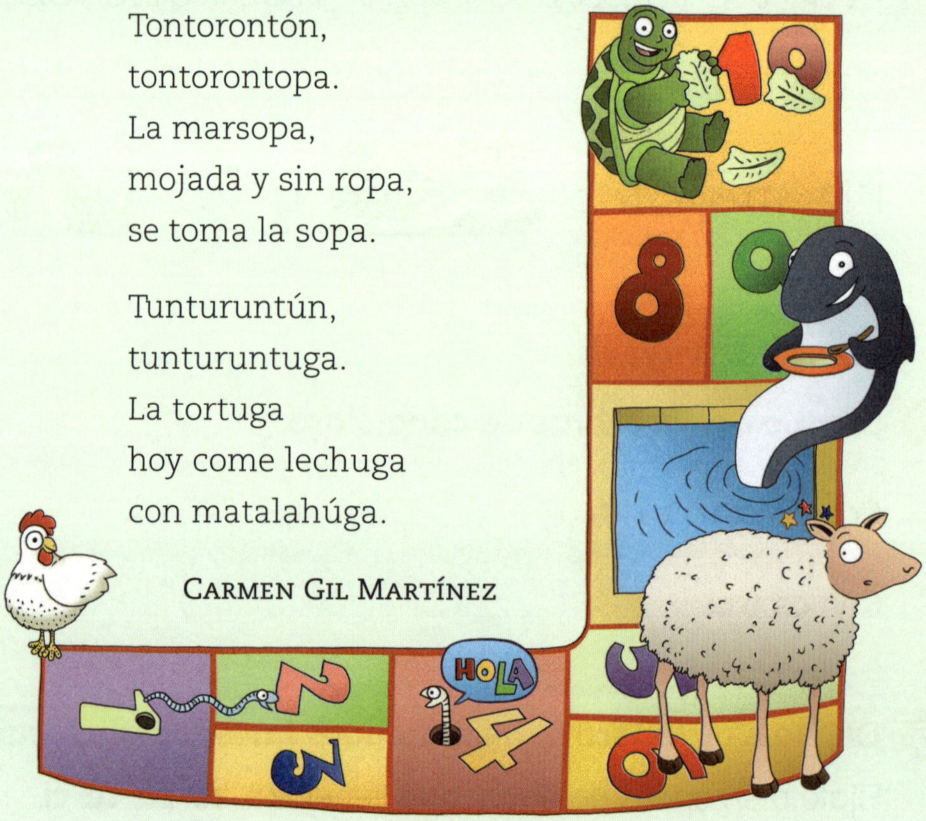

En muchos poemas se juega con las palabras.

1 **Lee el poema con tu compañero.**

Uno leerá los dos primeros versos de cada grupo; el otro, los tres versos restantes y así hasta el final.

2 **Copia el título del poema con letras bonitas y decóralo.**

3 Recuerda el poema y contesta.

- ¿Quién saluda a su hermano? El
- ¿A quién le pica una oreja? A la
- ¿Quién cloquea muy fina? La
- ¿Quién se toma la sopa? La
- ¿Quién come hoy lechuga? La

4 Primero completa con palabras del poema. Después, copia.

Tantarantán, tantarantano.
Tenterentén, tenterenteja.
Tintirintín,
Tontorontón,
Tunturuntún,

Tantarantán,

5 Juega e inventa palabras.

Burburuja ▶ Burbureja

Birborija ▶

Barbareja ▶

Berbireja ▶

Escribo textos

1 **Lee con atención este cuento.**

Alboroto en la charca

El sapo Roque y la sapa Sopa vivían felices en un rincón del bosque con su hijo Bartolito. Bartolito era un sapito travieso y simpático. Era cariñoso y muy, muy educado: lo que se dice un encanto de sapo. Conocía por su nombre a todos los animales que frecuentaban la charca: a Tomás, el gorrión; a Hortensia, la mariposa…

Una mañana, sucedió algo terrible: ¡Bartolito no aparecía por ningún lado! Sopa lo había perdido de vista después del desayuno.

–Dijo que se iba a pasear por los helechos –lloraba la madre.

Todos los animales del bosque buscaron al sapito:

–¡Bartolo! ¡Bartolitooooo…!

Roque recorrió los alrededores, pero Bartolo no aparecía.

2 **¿Cómo te gustaría que acabara el cuento? Elige y marca.**

☐ Hortensia lo encuentra dormido.

☐ Tomás lo ve jugando con otro sapito.

3 **Inventa y escribe el final del cuento.**

Al final

Repaso y practico

1 Recuerda y completa.

Una oración es un grupo ____________

____

2 ¿Qué son? Completa con palabras que tengan *c* o *z*.

Una enorme ____________

de ____________

Unos bonitos ____________

con un ____________

3 Copia y sustituye los dibujos por palabras.

El tigre hará un viaje en  .

____

El zorro hará un viaje en  .

____

4 RECUERDA LO QUE SABES. Separa las palabras y escribe una oración.

Escribe mayúscula cuando sea necesario.

miamigoalbertohaestadoenroma

____

Para leer mejor

1 Lee sin equivocarte estas oraciones sin sentido.

- El míngulo brazó liramente.
- Si no frebices la asiterna, zarás viasis.
- ¿Sieves una tilara con lacra de la mate?
- La carjacarjada que apiló se tricó a las bisuelas.
- ¡Tropételе al propierte! ¡Erruglisa!

2 Vas a calcular la velocidad a la que lees.

Hazlo así:

– Lee el texto hasta que tu profesor o profesora diga *¡alto!* Luego, cuenta las palabras que has leído.

– Lee el texto en silencio un par de veces.

– Después, vuelve a leer el texto en voz alta hasta que vuelvas a oír *¡alto!* y cuenta de nuevo las palabras que has leído.

Clase de vuelo

La abeja Amelia tiene clase de vuelo. Está nerviosa y siente un cosquilleo raro en la tripa, como cien bolas de polen saltando ahí dentro. La abejita sospecha que tendrá problemas. ¡Le dan tanto miedo las alturas!

–Vamos, Amelia, ¡salta! –ordena la señorita Eloísa.

El corazón de la pobre abeja late a mil por hora.

«No voy a poder. No puedo. No puedo…».

Sus compañeras la animan y canturrean su nombre:

–¡A-me-lia, A-me-lia, A-me-liaaaa!

Amelia sacude las alas y se lanza. Y ocurre el milagro: está volando en línea recta hacia la primera margarita. Aterriza y se siente una reina. Nunca más dirá no puedo.

Para escribir mejor

1 **Copia con buena letra.**

lagartija lagartija lagartija

2 **Copia separando las palabras.**

Irácomnigo. Estáconmigo.

Loharécontigo. Meviocontigo.

3 **Repasa y completa.**

Palabras con **c** o **qu**

albari o e o odrilo inientos

pa ete uchillo amiseta

Palabras con **c** o **z**

eri o ebolla iruela

calaba a ra imo a ucarillo

4 **Escribe algo con muy buena letra.**

5 Calixto y el belén

MI PRIMER DICCIONARIO

entusiasmar

Encantar, apasionar, gustar mucho.

*A Ana le **entusiasman** los regalos.*

morrocotudo

Tremendo, enorme.

*Me di un golpe **morrocotudo** con la puerta.*

- Di cosas que te entusiasmen.
- Cuenta algún susto morrocotudo que te hayas llevado.

La puerta se abre despacio y el ratón Calixto se asoma, salta y aterriza en una zapatilla. Luego, mira lo que la niña lleva preparando toda la tarde. ¿Será capaz de subirse a la mesa para verlo mejor? Él es un ratón pequeño... Silenciosamente, sale de la zapatilla y con cuatro saltos planta sus patitas en la mesa. Hay un belén. Calixto admira fascinado las figuritas.

De pronto, oye un ruido y sale disparado. No se detiene hasta que tropieza con el abuelo Pascual, junto a la chimenea.

–Abuelo –pregunta–, ¿qué es eso que ha hecho la niña?

–Es un belén. Las personas lo ponen en Navidad.

El abuelo le explica el significado del belén y de sus figuras. Pero lo que más **entusiasma** al pequeño ratón es oír hablar de los Reyes Magos.

–Y si yo les escribo una carta, ¿también me traerán juguetes?

El abuelo le dice que sí; pero luego, el viejo ratón se queda preocupado. Porque los Reyes traen juguetes a los niños, pero no a los ratones... Tiene que encontrar una solución. ¡Está tan ilusionado el pequeño!

Ya es la noche de Reyes. Calixto no tiene sueño, pero el abuelo le dice que si no se duerme, los Reyes no le dejarán nada. Al fin, Calixto se duerme.

El abuelo Pascual está ahora preparándose para llevar a cabo su plan. Se echa por los hombros una capa roja y se cubre la cabeza con una corona que parece de oro.

«Bueno, manos a la obra», piensa.

Y en ese preciso momento, aparece el rey Baltasar en persona. El abuelo Pascual se lleva un susto **morrocotudo**.

Entonces Baltasar le pregunta:

–Buenas noches. ¿Es aquí donde vive Calixto, el ratón?

–Sss... sssí –tartamudea el abuelo.

El rey mira un trozo de papel pequeñito que sujeta entre dos dedos y asegura:

–Hemos recibido su carta. ¿Dónde le parece mejor que dejemos los juguetes?

–Aquí mismo –susurra el abuelo.

–Muy bien –responde el rey dejando con suavidad un montón de juguetes–. ¡Hasta el próximo año, abuelo!

–¡Aaa... adiós! –responde el viejo ratón.

Y a la primera luz del alba, un ratón pequeño, envuelto en una larga bufanda, chilla y brinca de alegría rodeado de regalos.

Trabajo con el cuento

COMPRENSIÓN

1 **¿Qué personajes aparecen en el cuento? Escribe.**

2 **Contesta.**

- ¿A quién escribió Calixto? ¿Para qué?

- ¿Por qué se preocupó su abuelo?

3 **Numera y copia en orden el resumen del cuento.**

- [ ] Al final el rey Baltasar trae regalos al pequeño ratón.
- [ ] Un pequeño ratón escribe a los Reyes Magos.
- [ ] Su abuelo cree que los Reyes Magos solo traen regalos a los niños.

4 **Inventa otro título para el cuento.**

DRAMATIZACIÓN

5 Dramatiza con tus compañeros.

ABUELO: Calixto…, ¡a la cama! ¡Hoy es la noche de Reyes!
CALIXTO: ¿Y si nos quedamos despiertos para verlos?
ABUELO: ¿Pero es que no sabes que los Reyes solo van a las casas si los ratoncillos están dormidos?
CALIXTO: Ah, entonces me duermo enseguida. Mira, ya está.
ABUELO: ¿Cómo? ¿Ya? ¿Ya estás dormido?
CALIXTO: Sí, sí. ¿No lo ves? Tengo los ojos bien cerrados.
ABUELO: Y seguro que estás soñando… Cuéntame qué sueñas, anda.
CALIXTO: Pues sueño que oigo ruido de camellos andando por el salón. A uno se le cae un juguete del saco y… y… y entonces… zzzz…
ABUELO: Ya está dormido. ¡Feliz noche de Reyes, Calixto!

Competencias básicas

6 Imagina que eres un pequeño ratón y escribe una carta a los Reyes.

No olvides firmar tu carta.

Queridos Reyes Magos:
Me llamo ______ y soy un ratón.
Me he portado muy bien. Por eso, os pido que me traigáis ______
______
______

Autonomía e iniciativa personal

Trabajo con el cuento

TALLER DE LENGUA

7 **En esta nota hay dos oraciones. Copia cada una en una línea.**

8 **Copia tres palabras del cuento que lleven acento.**

VOCABULARIO

9 **Observa y completa.**

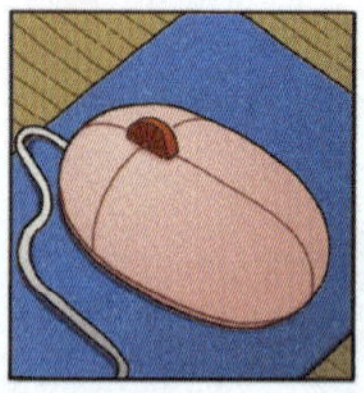
ratón

ratón

El ________ del ordenador es de color rosa.

El ________ come queso.

10 **Escribe una oración con cada significado de la palabra *carta*.**

carta

carta

carta

El sustantivo

La palabra *pelota* nombra una cosa, la palabra *nieto* nombra a una persona y la palabra *ratón* nombra un animal.

Las palabras que utilizamos para nombrar personas, animales u objetos son **sustantivos**.

1 **Escribe sustantivos.**

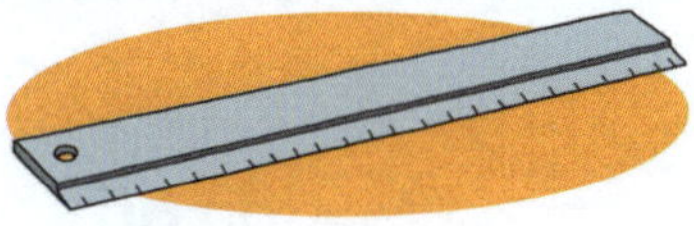

2 **Completa cada oración con un sustantivo.**

Rosa saca a pasear a su ______

Carlos trabaja como ______

Mi tía me ha regalado unos ______

3 **Escribe sustantivos.**

- ¿Qué animales hay en una granja?

- ¿Qué se vende en una papelería?

Palabras con *ga, go, gu, gue, gui, güe, güi*

1 **Copia las palabras destacadas.**

Calixto tiene que llevar la carta a los pajes.
Se pone el **gorro** y la bufanda y sale del **agujero**.
Al pasar cerca de la mesa, se asoma otra vez al belén.
Allí **siguen** los tres reyes. De pronto echa a correr.
El rey Baltasar lo ha visto y le ha **guiñado** un ojo.
¡Qué **vergüenza**! ¡Justo a él le ha pedido los **regalos**!

Con **ga**	Con **go**	Con **gu**

Con **gue**	Con **gui**	Con **gü**

Se escribe **g** delante de **a**, **o**, **u**: *ga, go, gu*. Se escribe **gu** delante de **e**, **i** cuando la **u** no suena: *gue, gui*. Se escribe **gü** delante de **e**, **i** cuando la **u** suena: *güe, güi*.

2 **Escribe.**

A Gustavo le han regalado una  .

A Miguel le han regalado un  .

A Marga le han regalado una  .

3 **Escribe los nombres.**

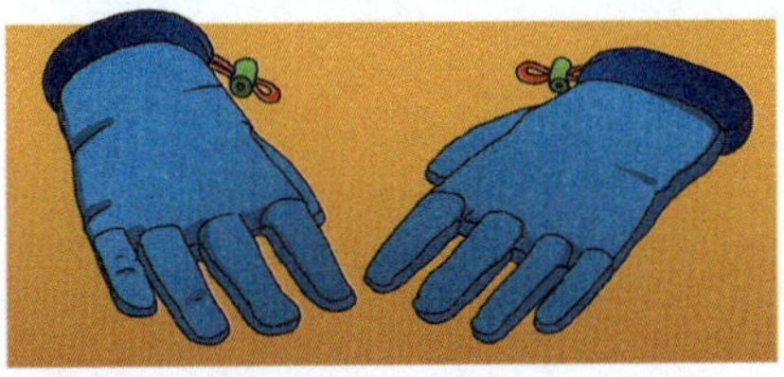

4 **DICTADO. Prepara el dictado para hacerlo en tu cuaderno.**

Fíjate bien en las palabras con **ga**, **go**, **gu**, **gue**, **gui**, **güe**, **güi**.

El reparto de juguetes

Melchor le ha pedido a Baltasar que averigüe dónde vive Calixto y le lleve los juguetes. Baltasar está encantado con el encargo. Encuentra la madriguera del ratón y deja allí, de madrugada, los regalos que Calixto ha pedido.

Ortografía visual

5 **Memoriza y copia sin faltas.**

Trabajo con otras lecturas

Celebrar la Navidad

Las fiestas navideñas se celebran en gran parte del mundo. Pero los adornos de las casas, las comidas y las costumbres son muy, muy diferentes en cada lugar.

Adornos navideños

Además de luces, bolas y espumillón, hay adornos muy curiosos... En Ucrania se suele colgar telarañas y arañas de mentira en el árbol de Navidad. Y en Alemania se hacen casitas con galletas y chucherías.

Comidas navideñas

En Italia el día de Nochevieja se suele cenar lentejas. Y en un lugar muy al norte, en Groenlandia, la cena termina con un trozo de piel de ballena. Dicen que tiene un sabor parecido al coco.

Costumbres navideñas

En Nochevieja, en algunos países como Colombia, existe la costumbre de salir a la calle con maletas para que el nuevo año venga cargado de viajes. ¡Qué divertido!

1 **Elige y copia el resumen de la lectura.**

Las fiestas navideñas se celebran de forma diferente en cada lugar.	Las comidas navideñas son comidas muy especiales.

2 Escribe los títulos de las tres partes de la lectura.

Ten en cuenta que los títulos aparecen destacados.

1. Adornos ______
2. ______
3. ______

3 Escribe el nombre de los países en que se usan estos adornos.

______

______

4 ¿Qué se come en cada lugar en Nochevieja?

En Italia ▼ ______

En Groenlandia ▼ ______

5 ¿Qué se hace en Nochevieja? Marca lo que es verdad.

- ☐ En Alemania se cuelgan arañas en los árboles.
- ☐ En Italia se comen galletas y chucherías.
- ☐ En Colombia se sale a la calle con maletas.
- ☐ En Ucrania se come piel de ballena.

6 Habla con tus compañeros sobre cómo se celebra la Navidad en tu casa.

Escribo textos

1 Lee y completa con la frase adecuada.

buenos días | mucha suerte | feliz año nuevo

Queridos abuelos:

Os escribo para desearos feliz Navidad

y ______________________________

Vuestra nieta,

Clara

2 Marca las frases que sirven para felicitar la Navidad.

- [ ] Felices fiestas y próspero año nuevo.
- [ ] Deseo que apruebes.
- [ ] Os deseo paz en el nuevo año.
- [ ] ¡Enhorabuena, papás!

3 Escribe una felicitación de Navidad a quien quieras.

No olvides hacer algún dibujo para decorarla.

____

____

____

____

____

Repaso y practico

1 **Escribe dos sustantivos de cada clase.**

Nombran animales ▶ ______ ______

Nombran cosas ▶ ______ ______

Nombran personas ▶ ______ ______

2 **Completa con *g*, *gu* o *gü* y copia.**

re___adera a___inaldo hambur___esa

man___era para___uas ci___eña

3 **Escribe.**

La esponja está en la 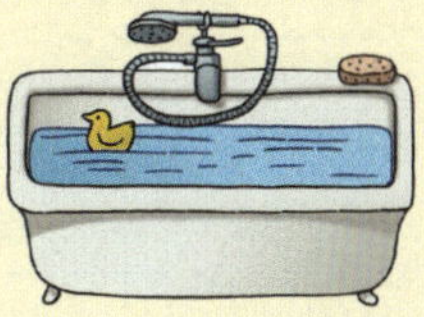 .

Mi abuela se sentó en la  .

El bebé se tomó todo el  .

4 **RECUERDA LO QUE SABES.** **Escribe dos oraciones seguidas separadas por punto.**

1 Escribe una oración con cada palabra.

manada

chisporrotear

2 ¿Qué cuento te ha gustado más? Subraya el título y explica por qué.

- *Kilómetros de cuello*
- *La sopa de clavo*
- *Pablo y el diente*
- *La pelea*
- *Calixto y el belén*

3 ¿Qué significa *una fila kilométrica*? Marca.

- ☐ Una fila mal organizada.
- ☐ Una fila que sale a la carretera.
- ☐ Una fila muy larga.

4 Escribe palabras que signifiquen lo mismo.

inteligente ▶ ____

travieso ▶ ____

5 **Escribe lo contrario.**

- El paquete estaba **lleno**.

- El pan del bocadillo estaba **duro**.

6 **Escribe tu nombre y contesta.**

- ¿Cuántas vocales tiene?
- ¿Cuántas consonantes tiene?

7 **Escribe cada palabra en su lugar.**

sal pradera maletero fresa

Con una sílaba ▶

Con tres sílabas ▶

Con dos sílabas ▶

Con cuatro sílabas ▶

8 **Copia las dos oraciones.**

- Mi llama mi amigo se Jesús.
- Patricia marcó tres goles.
- Zumo ese de es melocotón.
- Eva dio de comer a las gallinas.

9 **Escribe una oración sobre un amigo tuyo.**

REPASO TRIMESTRAL

10 **Escribe dos sustantivos de cada clase.**

Nombran personas	Nombran animales	Nombran cosas

11 **Copia y corrige los errores.**

querida isabel:

Te deseo una feliz Navidad. es la primera vez que la vas a celebrar en málaga. seguro que lo pasas muy bien.

Un beso,
emilio

12 **Repasa y completa con *c* o *qu*.**

es___ina   par___e   má___ina

13 Escribe sus nombres.

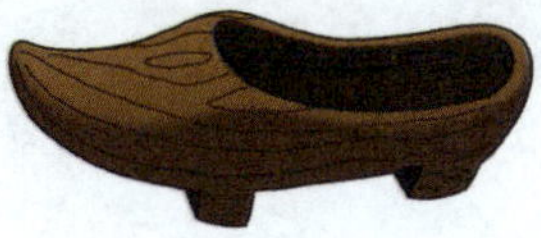

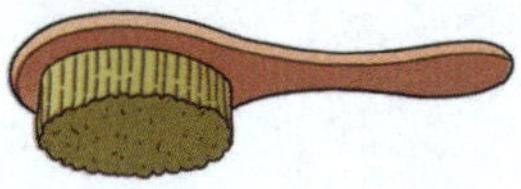

14 Copia y completa.

Mi mejor amigo toca la .

Hoy vamos a cenar una .

15 Escribe palabras.

Con **ga**, **go** o **gu** ▶

Con **gue** o **gui** ▶

16 Dibújate y explica cómo eres.

6 La fábrica de oro

MI PRIMER DICCIONARIO

esmero

Mucho cuidado y atención.

*Inés envolvió el regalo con **esmero**.*

recolectar

Recoger los frutos que da la tierra.

*El campesino **recolectó** las manzanas.*

- ¿Qué cosas te gusta hacer con esmero?
- Di nombres de frutos que se puedan recolectar.

En una lejana aldea de Vietnam vivía un campesino llamado Nai. La mayor ilusión de Nai era encontrar la manera de fabricar oro, y pasaba los días y las noches intentándolo. Así, poco a poco, descuidó sus cultivos y agotó sus ahorros.

Li Suai, la esposa de Nai, estaba preocupada por la actitud de su marido. Un día, le contó a su padre lo que ocurría.

–Dile que venga a comer conmigo mañana –dijo el anciano después de escuchar a su hija.

Al día siguiente, Nai acudió a la cita con su suegro. Mientras comían, el anciano comentó:

–Me ha sorprendido saber que a ti también te interesa fabricar oro. Yo me he pasado la vida intentando averiguar cómo hacerlo. ¡Y ya lo sé!

–¿Sí? –preguntó sorprendido Nai.

–Sí. Pero me hace falta algo que yo no tengo y que tú puedes darme. Necesito cinco kilos de la pelusa que crece bajo las hojas del banano.

–¿Cinco kilos? ¿De pelusa de banano? –preguntó Nai.

El anciano respondió:

–Exactamente. Pero debes plantar y cuidar tú mismo esos árboles.

Nai se marchó de allí y se puso manos a la obra. Preparó la tierra y plantó los bananos en un lugar soleado. Luego, los cuidó con **esmero**. El tiempo fue pasando y los árboles crecieron y comenzaron a dar plátanos.

Entonces, la esposa de Nai y sus hijos se dedicaron a **recolectar** los frutos para venderlos en el mercado. Nai ni siquiera se enteraba, pues andaba entretenido recogiendo la pelusa de las hojas.

El campesino tardó cinco años en reunir toda la pelusa. Por fin, había llegado el momento de llevarle a su suegro lo que necesitaba.

–¡Bienvenido seas, hijo! –dijo el anciano al ver a Nai–. Ahora podré enseñarte cómo se fabrica el oro... Acompáñame.

El anciano condujo a Nai hasta una sala. Al abrir la puerta de aquella habitación, el campesino vio dos enormes baúles rebosantes de monedas de oro. Su suegro le dijo señalando las monedas:

–Ahí tienes, Nai: este es el oro que has fabricado con tu esfuerzo. Tu familia ha conseguido estas monedas vendiendo plátanos. Y todo ha sido posible porque tú cultivaste los bananos.

Y así fue como Nai comprendió que trabajar era la mejor manera posible de fabricar oro.

Trabajo con el cuento

COMPRENSIÓN

1 ¿Qué quería Nai? Escribe.

2 ¿Qué había que plantar para fabricar oro? Marca y explica.

3 ¿Qué logró cada uno? Relaciona y escribe.

Nai

Su familia

logró

cinco kilos de pelusa.

dos baúles de oro.

cinco kilos de plátanos.

4 Elige y completa el resumen del cuento.

comprendió que la riqueza se consigue con buena suerte.

comprendió que la riqueza se consigue trabajando.

Nai quería fabricar oro, pero al final

DRAMATIZACIÓN

5 Dramatiza con tus compañeros.

SUEGRO: Ya lo sabes, no se puede fabricar oro sin la pelusa del banano.

NAI: Así que el secreto es la pelusa del banano…

SUEGRO: Efectivamente. ¡Quién lo iba a decir!, ¿verdad?

NAI: Pues mañana mismo plantaré muchos bananos: ocho…; no, mejor doce…; no, no…, quince.

SUEGRO: Muy bien. Pero recuerda que has de ser tú quien se ocupe de ellos.

NAI: Claro, claro. Los plantaré, los podaré, los libraré de bichos. ¡Mis bananos serán los mejores bananos del mundo!

SUEGRO: Estupendo. ¡Seguro que así consigues muy pronto los cinco kilos de pelusa que necesitas!

NAI: ¡Cinco kilos! ¡Tardaré mucho en conseguirlos!

SUEGRO: Tú solo piensa en la recompensa: cuando tengas los cinco kilos, podrás fabricar todo el oro que quieras.

Competencias básicas

6 Piensa y marca lo que es verdad.

- [ ] Si Nai hubiera plantado más bananos, habría conseguido menos pelusa.
- [ ] Si Nai hubiera plantado menos bananos, habría conseguido más pelusa.
- [ ] Si Nai hubiera plantado más bananos, habría conseguido más pelusa.

Competencia matemática

Trabajo con el cuento

TALLER DE LENGUA

7 Escribe palabras que nombren personas de la familia.

suegro esposa

8 Busca en las tres primeras líneas del cuento una palabra de cada tipo.

Con mayúscula inicial	Con tres sílabas	Con cuatro sílabas

EXPRESIÓN ORAL

9 Di lo que deseaba cada uno y por qué.

Puedes usar las palabras del recuadro.

Ojalá… Me encantaría… Cómo me gustaría…

10 Piensa y formula tres deseos.

Un deseo para ti.

Un deseo para tu mejor amigo.

Un deseo para todo el mundo.

11 Elegid entre todos el mejor deseo de los que habéis dicho en clase.

El nombre propio

Nai vivía en Vietnam.

Nai es el nombre del campesino del cuento. *Vietnam* es el nombre del país donde vivía *Nai*. Las palabras *Vietnam* y *Nai* son nombres propios.

Los **nombres propios** son las palabras que dicen cómo se llaman las personas, los animales, los lugares… Los nombres propios se escriben con mayúscula inicial.

1 **Completa con tus datos.**

Me llamo ______ Nací en ______

2 **Escribe nombres propios.**

Para un niño o una niña ▼

______

______

Para una mascota ▼

______

______

3 **Inventa nombres propios para estos lugares.**

______ ______ ______

4 **¿Qué países te gustaría visitar?**

______ ______ ______

Palabras con *ja, jo, ju*

1 **Subraya las palabras que tienen *j*.**

Sin ninguna queja, Nai trabajó duramente con la esperanza puesta en las hojas de los bananos. Desde siempre, el brillo del oro lo había cautivado. A veces, como juego, cerraba los ojos y se veía rodeado de montones de monedas. Entonces su corazón se llenaba de júbilo.

2 **Copia las palabras que has subrayado.**

Con **ja** ▶ ____________ ____________

Con **jo** ▶ ____________ ____________

Con **ju** ▶ ____________ ____________

El sonido **J** se escribe siempre con **j** delante de **a**, **o**, **u**: *ja, jo, ju*.

3 **Completa con *ja, jo* o *ju* y copia.**

★lieta tiene una sorti★ de oro.
Es una ★ya muy antigua.
Se la regaló su abuela ★sefina,
que la tenía desde su ★ventud.

____

____

____

____

4 **Completa con palabras con *ja, jo* o *ju*.**

Joaquín

Juana

Julia y Javier

________ se peina delante del ________

________ coloca las flores en un ________

________ ordenan sus ________

5 **DICTADO. Prepara el dictado para hacerlo en tu cuaderno.**

Fíjate bien en las palabras con **ja**, **jo** y **ju**.

La mejor familia del mundo

Nai comprendió su error y eso le produjo un poco de vergüenza. Su familia podía haberse enojado con él, pero no lo había hecho. Jamás olvidaría aquel sabio consejo de su suegro. A partir de ahora trabajarían siempre juntos.

Ortografía visual

6 **Memoriza y copia sin faltas.**

____

____

____

Trabajo con otras lecturas

Lo que dura un cuento

El cuento
de los castaños
dura muchos, muchos años.

El cuento
de los cipreses,
meses.

El cuento
de la manzana
dura toda la semana.

El de la judía,
un día.

El de la mora,
una hora.

El del guisante,
un instante.

Y el de la granada,
nada.

ANTONIO RUBIO

Riman las palabras que acaban de forma parecida.

1 **En cada grupo, une las palabras que acaban de forma parecida.**

castaños •	• meses
cipreses •	• semanas
manzanas •	• años

judía •	• hora
mora •	• instante
guisante •	• día

2 **¿Qué dos palabras riman con *granada*? Colorea.**

nada	grano	niña	hada

3 **Elige o inventa un nuevo título para el poema y escríbelo.**

Cuentos largos y cortos	Árboles y frutos

4 **Recuerda el contenido del poema y contesta.**

- ¿Cuál es el cuento que dura más? ¿Cuánto dura?

- ¿Cuál es el cuento que dura menos? ¿Cuánto dura?

5 **Busca nombres propios y rodéalos. Luego, completa la rima con dos de esos nombres.**

P R Y I G N A C I O N M	R M A R I S A T Y P
F D P E D R O Y P N	E U C A R M E N V N

¿Cómo se leen los cuentos?

Algunos los leen despacio,
como mi tío
Algunos los leen deprisa,
como mi tía

Escribo textos

1 **Lee esta nota y contesta.**

Catalina:

Te dejo en la cajonera el libro sobre las plantas que me prestaste. ¡Muchas gracias! Me ha encantado.

Fernando

- ¿Quién ha escrito la nota?

- ¿Para quién es la nota?

2 **Completa.**

En la nota, Fernando le dice a Catalina que

3 **Escribe una nota para tu compañero y fírmala.**

Repaso y practico

1 Copia los nombres propios.

Mariano	aldea	Ibiza	bombero
población	animal	dentista	París

2 Escribe palabras con *ju*.

Un día de la semana ▶ ______ Un mes del año ▶ ______

3 Copia y completa con una palabra con *j*.

Hoy tengo que comprar .

4 Colorea las palabras que riman en cada grupo.

melocotón	piñón	manzana	limón
mantequilla	peluca	silla	camilla

5 RECUERDA LO QUE SABES. Completa con nombres de lenguas o de países.

En Italia se habla ______

En ______ se habla alemán.

El ruso se habla en ______

El ______ se habla en Grecia.

7 El pequeño héroe

MI PRIMER DICCIONARIO

dique

Especie de muro construido para no dejar pasar el agua.

Construyeron un ***dique*** *en poco tiempo.*

héroe

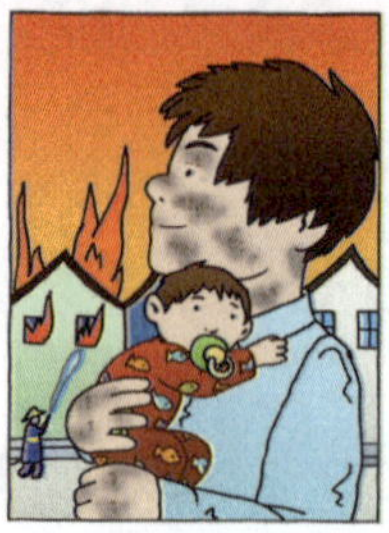

Persona famosa por realizar una acción peligrosa y buena.

Juan actuó como un ***héroe****.*

- Forma una oración con la palabra *dique*.
- Inventa y cuenta algo que pueda hacer un héroe.

Cuentan que hace tiempo, en la ciudad holandesa de Haarlem, vivió un niño de ocho años llamado Hans.

Una tarde, la madre de Hans le pidió a su hijo que le llevara unas galletas a Tim, un anciano vecino que vivía en los alrededores.

–No te entretengas. ¡Debes volver antes de que anochezca!

Hans se puso en marcha y enseguida llegó al **dique**, el enorme muro de piedra levantado para contener la fuerza del mar. Buena parte del camino discurría junto a él. A un lado, se extendían los verdes campos; a otro, se adivinaban las aguas retenidas. Por fin, Hans llegó a casa del anciano.

–Pasa, pequeño –le dijo Tim–. Me alegro de verte.

Al niño le encantaba hablar con Tim. Escuchaba entusiasmado las aventuras de sus años de pescador en el Mar del Norte. Aquella tarde el niño y el anciano también conversaron animadamente. Cuando el sol se ocultaba, Hans se despidió y salió de la casa a todo correr.

«Mamá se enfadará si llego tarde», pensaba.

Mientras caminaba rápido, oía las aguas golpeando el dique. Los vecinos de la comarca conocían de sobra la importancia de aquel muro. Si no fuera por él, ¡el mar lo inundaría todo! De pronto, un ruido llamó la atención del chico. Hans se detuvo y escuchó. Se oía correr el agua... ¡El dique tenía un pequeño agujero por el que se filtraba una corriente! El agua, manando toda la noche, debilitaría el muro y... Hans no quería imaginar qué podría ocurrir. Ni corto ni perezoso, colocó un dedo para tapar el agujero y detener la corriente. Y así se quedó mientras, poco a poco, fue anocheciendo.

«Si al menos viniera alguien...», pensaba el niño.

Hacía frío, pero Hans siguió con el dedo pegado al agujero. A veces movía los pies para entrar en calor. Cada vez más cansado, luchaba contra el sueño. ¡Debía permanecer despierto! Así, entre el frío, la humedad y el agotamiento, transcurrió toda la noche.

Al amanecer, pasó un granjero camino de Haarlem.

–¡Ayuda, señor! ¡Socorro...! –gritó Hans.

–¡Cielo santo! –exclamó el hombre al ver al pequeño.

Hans le explicó lo que sucedía y el granjero fue a pedir ayuda. Pronto llegaron varios vecinos y entre todos arreglaron el dique.

Ni que decir tiene que Hans fue considerado un héroe. Gracias a él, la comarca se había librado de sufrir una gran inundación. Y aún hoy, en una localidad cercana, una estatua recuerda la hazaña de aquel pequeño **héroe** de tan solo ocho años.

Trabajo con el cuento

COMPRENSIÓN

1 Contesta.

- ¿Dónde vivía Hans?

- ¿Cuántos años tenía?

- ¿Cómo era Hans? Marca dos casillas.

☐ valiente ☐ responsable ☐ desobediente

2 ¿Qué otros personajes aparecen en el cuento?

3 ¿Por qué todo el mundo consideró a Hans un héroe?

4 Numera en orden y tendrás el resumen del cuento.

☐ Por el agujero se estaba filtrando el agua del mar.

1 Hans descubrió que había un pequeño agujero en un dique.

☐ Entonces, puso el dedo en el agujero y pasó así toda la noche.

☐ A la mañana siguiente, un granjero descubrió al niño.

☐ El granjero fue a pedir ayuda y llegaron varios vecinos para arreglar el dique.

DRAMATIZACIÓN

5 Dramatiza con tus compañeros.

HANS: ¡Ayuda, señor! ¡Socorrooooo!

GRANJERO: ¡Cielo santo! ¿Qué te ocurre, muchacho? ¿Qué haces aquí? Pero… ¡si estás muerto de frío!

HANS: El dique tiene un agujero. Volvía a casa y lo vi. He intentado taparlo con el dedo. Me he pasado aquí toda la noche… ¡Avise en el pueblo!

GRANJERO: Deja que tape yo el agujero. Tú no puedes más. Estás rendido, hijo.

HANS: Hágame caso. ¡Por favor, vaya en busca de ayuda! Y que alguien avise a mi madre. Estará muy preocupada…

GRANJERO: De acuerdo, no te muevas. Volveré enseguida.

HANS: ¡Corra, señor!

Competencias básicas

6 Inventa otro título para el cuento y escríbelo como si estuviera en la cubierta de un libro.

Hazlo así:

– Escribe el título a lápiz con letras bonitas.

– Repasa las letras con pinturas o rotuladores.

– Colorea el fondo o añade algún dibujo.

Competencia cultural y artística

Trabajo con el cuento

TALLER DE LENGUA

7 Copia del comienzo del cuento tres nombres propios.

8 Elige una de estas palabras e inventa una oración con ella.

vecinos humedad adivinaban débil

9 Busca en la última oración de la lectura dos palabras con *h*.

VOCABULARIO

10 Relaciona y completa las oraciones.

lechero • • granja
granjero • • leche
ganadero • • ganado

El lechero reparte la
El trabaja en su
El cuida el

11 Repasa y completa con nombres de tiendas.

Los pasteles se venden en la
El pescado se vende en la

El género de los sustantivos

Las palabras *niño* y *ciudad* son sustantivos. Los sustantivos que pueden llevar delante la palabra *el*, como *niño*, son masculinos. Los sustantivos que pueden llevar delante la palabra *la*, como *ciudad*, son femeninos.

Los **sustantivos** pueden ser **masculinos** o **femeninos**.

1 Escribe *el* o *la* delante de cada sustantivo.

____ profesora	____ colegio	____ columpio
____ escalera	____ bufanda	____ cuaderno

2 ¿Qué son? Escribe sustantivos masculinos.

____ ____ ____

3 Copia cada sustantivo en su lugar.

galleta | caja | mercado | río

Sustantivos masculinos ▶ el ____ ____

Sustantivos femeninos ▶ la ____ ____

4 ¿Qué es? Escribe un sustantivo femenino.

Recipiente para llevar agua en las excursiones. ▶ ____

Palabras con *je, ge, ji, gi*

1 **Subraya las palabras con *je, ge, ji* o *gi*.**

Hans apenas podía moverse y, con la humedad, estaba a punto de congelarse. El oleaje del mar se oía cada vez con más fuerza. Tenía el corazón encogido. ¡Pero él no era un quejica! ¡Tenía que aguantar hasta que llegara alguien!

2 **Copia las palabras que has subrayado.**

Con **je** ▶ ______ Con **ge** ▶ ______

Con **ji** ▶ ______ Con **gi** ▶ ______

Delante de **e** y de **i**, el sonido **J** se escribe a veces con **g** y a veces con **j**.

3 **Completa el texto con las siguientes palabras.**

agita gigante colegio

Delante del ______ hay un árbol muy alto. Cuando el viento ______ sus hojas parece un ______ moviendo los brazos.

4 **Escribe palabras con *j*.**

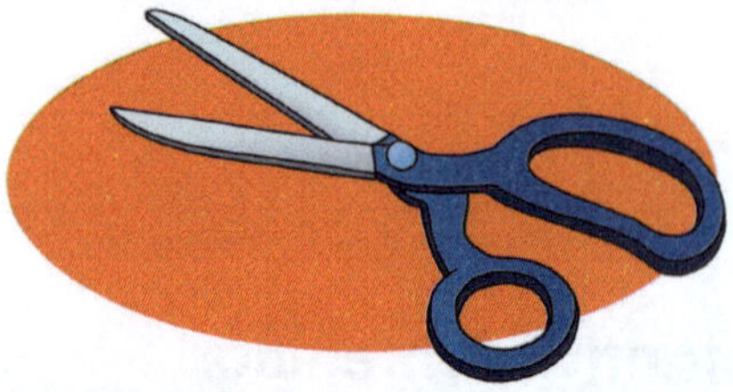

______ ______ ______

5 **¿Qué hace cada uno? Relaciona y escribe oraciones.**

El mago •	• da masajes.
El relojero •	• hace magia.
El masajista •	• arregla relojes.

6 **Escribe nombres de persona que lleven *j* o *g*.**

7 **DICTADO. Prepara el dictado para hacerlo en tu cuaderno.**

Fíjate bien en las palabras con **je**, **ge**, **ji**, **gi**.

Un lobo de mar

A Tim le encanta hablar de sus viajes por el mar. Se le encienden las mejillas y se le ilumina la cara cuando cuenta sus aventuras. A la gente le gusta escucharlo. Él disfruta hablando y mostrando el tatuaje que lleva en el brazo.

Ortografía visual

8 **Memoriza y copia sin faltas.**

girasol globo nube

Trabajo con otras lecturas

¡Ven a conocer Holanda!

Ámsterdam es la ciudad más importante de Holanda. Está llena de canales por los que se puede navegar y de puentes que cruzan los canales.

La bicicleta es el medio de transporte preferido de los holandeses. Tanto para circular por las ciudades como para ir de un pueblo a otro, niños y mayores utilizan la bicicleta.

Los molinos son muy típicos de Holanda. Hay cerca de 1000 molinos en todo el país. Si ves una gran cinta azul atada a las aspas de un molino, es que está abierto y se puede visitar.

Holanda es famosa por sus tulipanes. En primavera, se pueden ver en los campos miles de tulipanes de colores.

1 **¿De qué trata esta lectura? Marca.**

- ☐ La lectura trata sobre Ámsterdam.
- ☐ La lectura trata sobre Holanda.
- ☐ La lectura trata sobre el uso de la bicicleta en Holanda.

2 **¿Cuál es Ámsterdam? Marca y explica por qué lo sabes.**

3 **Contesta.**

- ¿Qué vehículo se utiliza mucho en Holanda? ______
- ¿Cuál es la flor típica de Holanda? ______
- ¿Cuántos molinos hay más o menos en Holanda? ______

4 **Observa y completa.**

El ______ es un alimento típico de Holanda.

Los ______ son un tipo de calzado típico de Holanda.

5 **Escribe algo para animar a la gente a visitar Holanda.**

______

______

Escribo textos

1 **Lee la invitación y contesta.**

Invitación

Para Tim

El sábado 12, a las cinco de la tarde, los vecinos de Haarlem celebraremos una fiesta en el ayuntamiento. ¡Será una fiesta sorpresa para Hans! Queremos darle las gracias por lo que ha hecho.

El excelentísimo señor alcalde pronunciará un discurso y, a continuación, habrá una merienda y música.

¡No faltes!

- ¿Qué día será la fiesta?
- ¿A qué hora comenzará?
- ¿Dónde se celebrará?

2 **Escribe y dibuja una invitación para una fiesta que quieras celebrar.**

– No olvides poner el día, la hora, el lugar…

– Puedes decorar tu invitación con letras de colores y dibujos.

Repaso y practico

1 Escribe dos sustantivos de cada clase.

Masculinos ▶ el ________ el ________

Femeninos ▶ la ________ la ________

2 Copia y completa.

La  se hizo daño en una pata.

____

Jorge compró unas 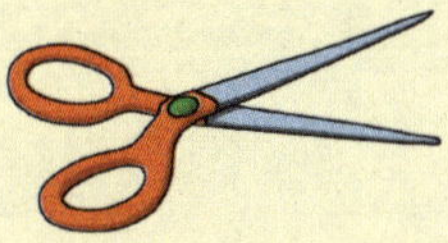 nuevas.

____

A Julia le encanta jugar al .

____

3 ¿Dónde se venden? Forma palabras.

reloj ▶ relojería

papel ▶ papelería

libro ▶ ________

joya ▶ ________

perfume ▶ ________

zapato ▶ ________

4 RECUERDA LO QUE SABES. Escribe palabras.

Con **c** o con **qu**

____

Con **c** o con **z**

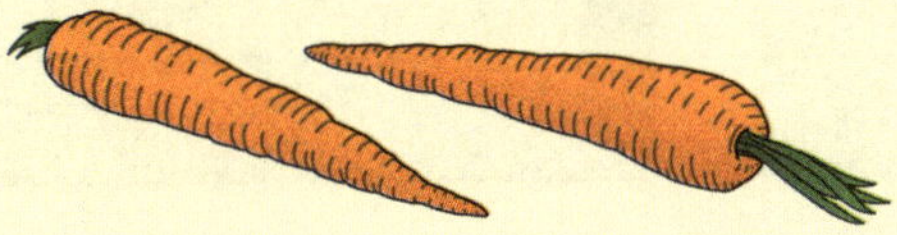

____

Con **g** o con **gu**

____

Para leer mejor

1 Escribe bien las dos palabras que están mal escritas en cada oración.

- Natalia se puso unos leopardos y una bufanda. ¡Qué calenita estaba!
- Delante del rebaño de ovejs iba el castor con su perro.
- En el praque muchos niños hacían volar sus coletas de colores.

2 Lee en voz alta y todo lo deprisa que puedas este poema.

No puedes guiarte con el dedo.

El boniato

¿Es bonito
o es boniato?
¿Quién me saca
del atasco?
El bonito
es un pescado,
una planta
es el boniato.

No es bonito,
que es boniato.
Yo te saco
del atasco.

ALFONSO PASCAL ROS

3 Lee todo lo deprisa que puedas estos nombres.

Chorrechuagua de Arriba

Agüedazaste del Río

Trasquillejos del Campo

Para escribir mejor

1 Copia como se indica.

Luego, fíjate en cómo ha quedado en cada caso.

Iván se acercó a la planta de la risa.

Al olerla, soltó una carcajada.

Escribe muy deprisa.

Escribe muy despacio.

2 Separa las palabras y copia.

Estáencimadelamesa. ▶

Estáenelcajón. ▶

3 Copia intentando no torcerte.

Mañana, a las tres, desfile del gran Circo Rogelio.

8 El engaño del zorro

MI PRIMER DICCIONARIO

esmeralda

Piedra preciosa de color verde.

El anillo tenía una ***esmeralda****.*

apuntalar

Sostener una pared con ayuda de un madero.

Fue necesario ***apuntalar*** *el muro de la iglesia.*

- Di cosas que tengan el mismo color que una esmeralda.
- ¿Cuándo es necesario apuntalar una casa?

Era un día hermoso. Los pájaros cantaban alegres y los brotes de los árboles parecían **esmeraldas**.

El zorro estaba tranquilo, tumbado en el suelo, con las patas apoyadas en el tronco de un árbol, mirando a unas cotorritas que construían su nido. De repente apareció el tigre y le saltó encima.

–¡Ya te tengo! Esta vez sí que no te me escapas.

«¡Qué problema!», pensó el zorro. «¡Y yo aquí tirado patas arriba sin poder hacer nada!».

El zorro intentó mantener la calma y dijo:

–¡Ah, don tigre! ¡Menos mal que llega alguien! ¡Ya no puedo más!

–¿Qué dices? Seguro que estás inventando algo para escaparte.

–¡No, no! Ayúdeme a sostener este árbol, que se me doblan las rodillas.

–¿Y qué pasa con este árbol? –preguntó el tigre.

–¡Que se va a caer! ¿No ve lo torcido que está? Y si se cae, se viene el monte abajo y morimos aplastados. Porque este árbol es el que sostiene todo. ¡Uf! No puedo empujar más, voy a soltarlo.

–¡No, no, aguanta un poco! ¿Qué puedo hacer? –dijo el tigre.

–Traiga un tronco grande para **apuntalar** el árbol. ¡Ah, me rindo!

–¡Aguanta un poco más! –dijo el tigre.

Entonces, el zorro miró al tigre y le dijo:

–¡Ya está! ¿Por qué no se queda usted empujando un rato, mientras yo voy a buscar el tronco?

–Bueno –dijo el tigre.

Y se tumbó al lado del zorro. Levantó sus patas peludas y las apoyó contra el árbol.

–Suelta ahora –le dijo el tigre al zorro.

–¡Ah, qué alivio, don tigre! Menos mal que ha llegado justo cuando iba a darme por vencido –dijo el zorro–. ¡Sujételo, que voy a buscar un tronco y vuelvo! Aguante, ¿eh?

–Vale, vale, pero ve rápido –respondió el tigre.

Y el zorro se fue corriendo. Cuando calculó que se había alejado lo suficiente, empezó a caminar despacio, contemplando la primavera. Las cotorras seguían haciendo sus nidos y las hojas de los árboles brillaban al sol.

Dicen que muchas horas después, un rugido feroz hizo temblar el monte entero y que se vio pasar al tigre restregándose las rodillas y maldiciendo en voz alta.

Trabajo con el cuento

COMPRENSIÓN

1 **¿En qué orden sucedió? Escribe 1, 2 y 3 y explica.**

2 **Copia cada respuesta donde corresponde.**

Porque creía que se iba a caer.

Porque quería engañar al tigre.

- ¿Por qué el zorro sujetaba el árbol?

____

- ¿Por qué el tigre sujetaba el árbol?

____

3 **¿Por qué supo el tigre que el zorro lo había engañado? Marca.**

- ☐ Porque el zorro no volvió.
- ☐ Porque se lo dijo una cotorra.
- ☐ Porque el árbol se cayó.

4 **Recuerda y completa el resumen del cuento.**

Un ____________ logra escapar de las garras de un ____________ haciéndole creer que debe sujetar un ____________

DRAMATIZACIÓN

5 Dramatiza con tus compañeros.

TIGRE: Ya te ayudo… A la de tres, suelta el árbol. Una, dos y… tres. ¡Vaya! ¡Cómo pesa!

ZORRO: Ya se lo decía yo. Menos mal que usted es fuerte. ¡Qué digo fuerte, usted es superfuerte, más que superfuerte…! ¡Usted es fortísimo!

TIGRE: Sí…, je, je…, eso es verdad. Para qué voy a negarlo.

ZORRO: Y no como yo, tan debilucho…, tan poca cosa…, tan…

TIGRE: Bueno, bueno… Ahora no te pongas de charla. Vete a buscar el tronco, que soy fuerte, pero también me canso.

ZORRO: Ya me voy, ya. Tardaré un poco, eso sí. Que no es fácil encontrar un tronco como el que necesitamos. Así que… ¡paciencia!

TIGRE: Vale, vale. Pero márchate, márchate ya, anda. ¡Uf! ¡Vaya con el arbolito!

Competencias básicas

6 Lee lo que dijo el zorro y contesta.

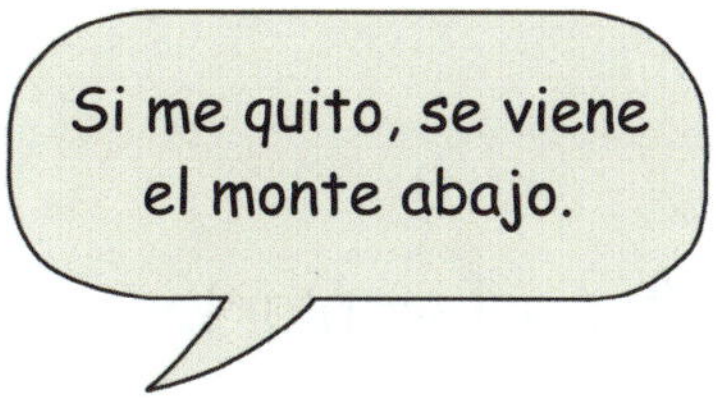

- ¿Qué le hubieras respondido tú al zorro?

- ¿Qué hubieras hecho tú en el lugar del tigre?

Autonomía e iniciativa personal

Trabajo con el cuento

TALLER DE LENGUA

7 **Inventa y escribe nombres propios.**

Para el zorro ▶ ______ Para el tigre ▶ ______

8 **Pide a tu compañero que te dicte tres palabras del cuento.**

Dos palabras muy largas ▼ ______ ______

Una palabra muy corta ▼ ______

9 **Escribe lo contrario cambiando la palabra destacada por otra.**

El zorro iba maldiciendo en voz **alta**.

______

EXPRESIÓN ORAL

10 **Representa con un compañero la escena en la que el zorro convence al tigre para que ocupe su lugar.**

11 **Intenta convencer a tus compañeros.**

Recuerda: para convencer a los demás no hace falta gritar ni levantar la voz.

Para que no hablen en clase.

Para que te presten sus juguetes.

El número de los sustantivos

Cuando decimos la palabra *nido*, nombramos una sola cosa. Cuando decimos la palabra *pájaros*, nombramos más de un animal.

Los **sustantivos** que nombran una sola cosa, una sola persona o un solo animal están en **singular**.
Los sustantivos que nombran más de una cosa, más de una persona o más de un animal están en **plural**.

1 **Escribe sustantivos.**

 Una ____________

 Dos ____________

 Una ____________

 Dos ____________

2 **Clasifica estos sustantivos.**

rocas río montañas pantano

Están en singular ▶ ____________ ____________

Están en plural ▶ ____________ ____________

3 **¿Qué hay en el cuadro? Escribe sustantivos en plural.**

____________ ____________

____________ ____________

____________ ____________

Palabras con *r* suave

1 **Copia las palabras destacadas y fíjate en cómo suena la *r*.**

Hacía un día **maravilloso**. El sol brillaba en lo alto con su luz **dorada**. Los campos estaban cargados de **flores**. Y un **aire** fresco y **puro** llenaba el **corazón** de felicidad. ¡Ay! ¡Qué sitio tan agradable!

La **r** que suena **suave**, como la de *flores* y *corazón*, se escribe con una sola **r**.

2 **Completa con el nombre de las estaciones del año que tienen *r* suave.**

Ya ha llegado la ______

¡Qué calor hace en ______!

3 **Copia y completa.**

Sara tiene una  en la mano.

______

Álvaro ha visto un  bravo.

______

Mario encontró una  de colores.

______

4 **Escribe sus nombres.**

 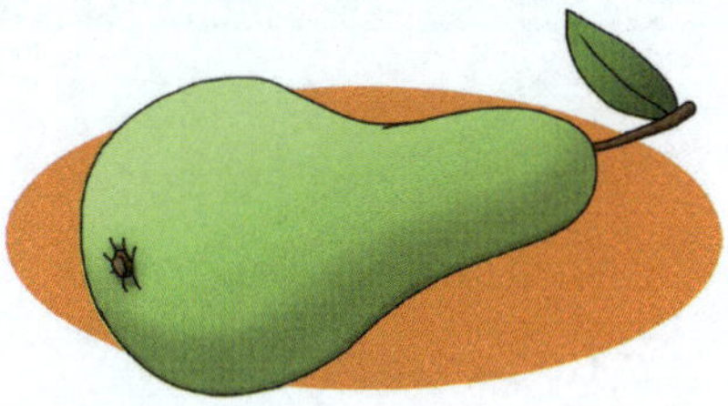 

  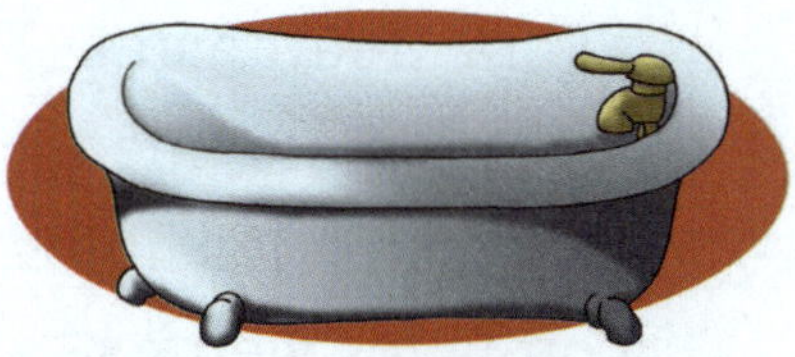

5 **DICTADO. Prepara el dictado para hacerlo en tu cuaderno.**

Fíjate bien en las palabras que tienen el sonido **R** suave.

Un enfado morrocotudo

El tigre tenía el cuerpo dolorido. Había pasado varias horas sosteniendo un árbol. No podía ponerse derecho. Pero, sobre todo, estaba verdaderamente furioso. Lo tenía claro. Buscaría a ese zorro mentiroso y, cuando lograra encontrarlo, le daría su merecido. ¡Se iba a enterar de quién era él!

Ortografía visual

6 **Memoriza y copia sin faltas.**

martillo barquillo cerilla

Trabajo con otras lecturas

El fantasma bueno

Tenía dos ojos,
tenía un sombrero,
un zapato verde,
un zapato negro.
Tenía, tenía
amarillo el pelo.
Él era el fantasma
que no mete miedo.
Dormía en los libros,
comía los vientos,
bebía del agua
que cae de los cielos.
Venían los niños
a darle mil besos.

Pero aquella tarde,
cerca del invierno,
bajaba muy sucio
el río del pueblo.
¡Le echaron las culpas
al fantasma bueno!
Unos, ay, decían;
otros, ay, dijeron
que ensució las aguas
al lavarse el pelo.
¡Mentira, mentira!,
que nada era cierto.
Lo ensució la fábrica
con barro y veneno.

¡Y aquel fantasmita
se marchó a otro pueblo!
Que vuelva muy pronto,
todos lo queremos.

José González Torices

Cada línea de un poema se llama **verso**.

1 **¿Cuántos versos tiene el poema? Cuenta y completa.**

El poema tiene ______ versos.

2 **Copia.**

Un verso que tenga cuatro palabras ▶ ______

3 **Copia los dos versos que responden a la pregunta.**

¿Cómo tenía el pelo el fantasma?

______

______

4 **Contesta.**

- ¿De qué echaron la culpa al fantasma?

- ¿Quién había ensuciado el río en realidad?

5 **¿Adónde decidió marcharse el fantasma? Marca.**

☐ A un castillo.

☐ A otro pueblo.

☐ A una montaña.

6 **Escribe una oración para pedirle al fantasma que vuelva.**

7 **Elige dos palabras y completa.**

fábrica
bueno
pueblo
malo

¡Que vuelva el fantasma!
¡Que regrese al ______!
Todo el mundo espera
al fantasma ______

Escribo textos

1 Copia los titulares.

Los titulares son los títulos de las noticias.

Día del Árbol pasado por agua

Villalejos. Los festejos y las actividades programadas para celebrar el Día del Árbol tuvieron que ser suspendidos por culpa de las lluvias, ya que una fuerte tormenta descargó sobre nuestra localidad durante todo el día de ayer.

Visita del mago don Varita

Aldealejana. Mañana llega a nuestra localidad el prestigioso don Varita, que con sus asombrosos números de magia sorprenderá...

2 ¿Qué sabes sobre los titulares? Marca tres casillas.

- ☐ Se escriben con letras más grandes.
- ☐ Se escriben al comienzo de la noticia.
- ☐ Se escriben en otra lengua.
- ☐ Suelen ocupar dos líneas.
- ☐ Tienen palabras que riman.
- ☐ Presentan la noticia.

3 Escribe un titular para cada noticia.

Para una noticia deportiva:

Para una noticia sobre tu colegio:

Repaso y practico

1 **Escribe sustantivos.**

En singular ▼ | En plural ▼

2 **¿Cuál tiene *r* suave de cada pareja? Escribe su nombre.**

3 **Completa.**

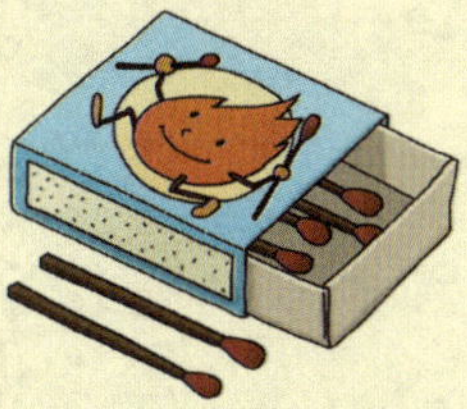

Una caja de __________.

Un __________ de juguete.

4 **Explica con tus palabras qué es un verso.**

5 **RECUERDA LO QUE SABES.** **Completa esta nota para un compañero.**

Por favor, tráeme mañana __________

9 La herradura

MI PRIMER DICCIONARIO

pedregoso

Se dice del terreno que está lleno de piedras.

El sendero tiene un tramo muy ***pedregoso****.*

canasto

Cesta alta y con dos asas.

El ***canasto*** *no tenía nada dentro.*

- ¿Crees que es fácil tropezar en un camino pedregoso? Explica por qué.
- Di cosas que se puedan meter en un canasto.

Una campesina y su hijo volvían de segar en el campo. Hacía mucho calor. El camino era **pedregoso**, llano y seco, sin un solo árbol. De pronto, la mujer vio en el suelo una vieja herradura y le dijo al niño:

–Pedro, coge esa herradura y guárdala.

A Pedro no le apetecía agacharse y contestó:

–Madre, ese pedazo de hierro no vale nada. Dejémoslo.

Y siguió andando.

La mujer se agachó en silencio, cogió la herradura y se la guardó.

Al rato, madre e hijo se cruzaron con un herrero. Se detuvieron a hablar con él y la campesina le contó que habían encontrado una herradura. El hombre le propuso que se la vendiera, pagó a la mujer y se alejó.

Poco después, el chico y su madre atravesaban las huertas de uno de los pueblos de los alrededores. El paisaje resultaba más agradable. El intenso colorido de las tomateras y el aroma de los árboles frutales eran un regalo para los sentidos. Allí mismo tropezaron con una mujer que iba a vender su fruta al mercado. La campesina sacó el dinero que había conseguido por la herradura y le compró un **canasto** de jugosas cerezas a la mujer.

Luego, madre e hijo continuaron andando. El calor apretaba y por aquel sendero no había ni siquiera un arroyo donde calmar la sed. La campesina iba delante y comenzó a saborear las cerezas. ¡Estaban realmente deliciosas! Y resultaban tan refrescantes…

Pedro iba detrás muy serio. Cada vez tenía más sed, pero no se atrevía a pedir ni una cereza. Sabía que su madre las había comprado con el dinero de la herradura que él no quiso recoger.

«¡Lástima!», pensaba. «Me quedaré sin cerezas».

La madre seguía comiendo, pero, de vez en cuando, dejaba caer disimuladamente algunas cerezas, siempre de una en una. Y Pedro, de una en una, las iba recogiendo.

Pasado un rato, la madre se volvió y dijo:

–¿Qué haces, Pedro?

Y él, con la cabeza baja, respondió:

–Voy cogiendo las cerezas que se te caen. ¡Tengo tanta sed!

–¿Ves, hijo? No quisiste agacharte una vez a coger la herradura y ahora te agachas muchas veces para coger las cerezas.

–Tienes razón, madre. ¡Perdóname!

Y los dos continuaron su camino muy contentos saboreando las cerezas mano a mano.

Trabajo con el cuento

COMPRENSIÓN

1 **¿Qué cuatro personajes aparecen en el cuento?**

2 **Contesta.**

- ¿Qué cogió del suelo cada uno?

  La madre ▶ El hijo ▶

- ¿Cuántas veces se agachó cada uno?

  La madre ▶ El hijo ▶

3 **¿En qué orden ocurrió? Numera y cuenta el cuento.**

4 **Copia la oración verdadera.**

- La madre le dio una lección al hijo.
- El hijo le dio una lección a la madre.
- El herrero les dio una lección a la madre y al hijo.

DRAMATIZACIÓN

5 Dramatiza con tus compañeros.

HERRERO: ¡Buenas tardes! ¡Vaya calor!
CAMPESINA: ¡Buenas tardes! Sí, sí que hace calor.
HERRERO: Bueno, ánimo. Ahí abajo, junto a las huertas, hace algo más de fresco. Pero... ¿qué veo? ¿Es eso una herradura?
CAMPESINA: Sí, la encontré más atrás, donde los sembrados.
HERRERO: ¿Y por cuánto me la venderías?
CAMPESINA: ¿Venderla? Pues..., la verdad, no había pensado venderla. No sé...
HERRERO: Vamos, mujer. A ti no te sirve para nada y yo podría usarla. Venga, te doy cinco monedas y cerramos el trato.
CAMPESINA: Está bien. Toma, aquí tienes la herradura.
HERRERO: Y aquí están tus monedas: una, dos, tres, cuatro ¡y cinco! Ya está. Adiós. ¡Y buen viaje!
CAMPESINA: ¡Adiós!

Competencias básicas

6 ¿Quién crees que actuó mejor: Pedro o su madre? Marca.

- ☐ Pedro, porque hizo lo que quería.
- ☐ Su madre, porque guardó la herradura pensando que podía servir para algo.
- ☐ Los dos, porque se comieron las cerezas.

7 ¿Qué harías si te encontraras algo en el suelo?

____

____

Autonomía e iniciativa personal

Trabajo con el cuento

TALLER DE LENGUA

8 **Copia del cuento tres sustantivos femeninos.**

la ______ la ______ la ______

9 **Busca en las tres primeras líneas del texto.**

Palabras con **h** ▶ ______

Palabras con **v** ▶ ______

VOCABULARIO

10 **Escribe en su lugar.**

fruta frutería frutero

______ ______ ______

11 **Escribe cada palabra con su familia.**

caminante
segador
cabezota

- caminar, camino, ______
- cabeza, cabezazo, ______
- siega, segar, ______

El artículo

La cereza en el árbol.

En *La cereza en el árbol* la palabra *la* va delante del sustantivo *cereza* y la palabra *el* va delante del sustantivo *árbol*. También suelen ir delante de los sustantivos las palabras *los* y *las*: *los árboles, las cerezas.*

Las palabras *el, la, los* y *las* son **artículos**. Los artículos van delante de los sustantivos.

1 Tacha las dos palabras que no son artículos.

le · el · la · en · los · las

2 Une y copia.

la •	• ríos	▶ ______
los •	• colinas	▶ ______
las •	• lago	▶ ______
el •	• montaña	▶ ______

3 Escribe un artículo delante de cada sustantivo.

____ herrero ____ campesinas ____ panadera

____ pastores ____ alcalde ____ muchacha

4 Copia el título del cuento de esta unidad y subraya el artículo.

______

5 Completa con artículos.

____ sapo, ____ mariposa y ____ pájaros.

Palabras con *r* fuerte

1 **Lee el texto en voz alta y subraya las palabras con *r* fuerte.**

El herrero miró detenidamente la herradura. Estaba bastante roñosa y sucia, pero era magnífica. Como era un hombre honrado, le dio a la campesina lo que valía. Él no quería engañar a nadie.

2 **Copia las palabras que has subrayado.**

Con **r**	Con **rr**

El sonido **R fuerte** se escribe con **r** a principio de palabra y detrás de **n**, **l** y **s**. Y se escribe con **rr** cuando va entre vocales.

3 **Escribe palabras con *r* o con *rr*.**

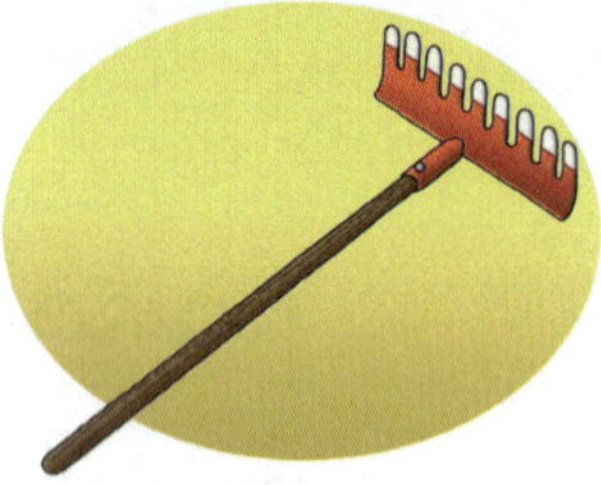

astrillo

to e

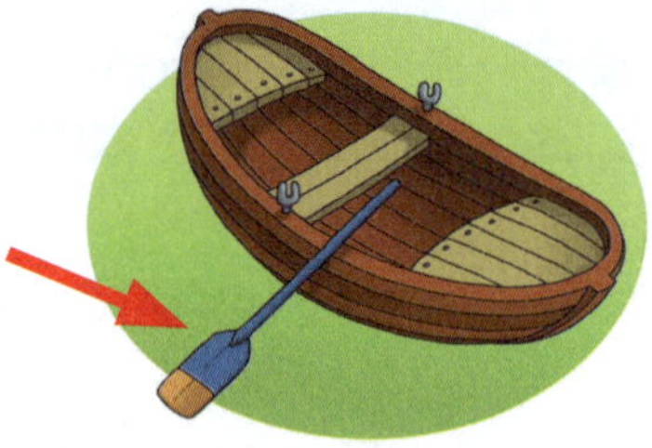

emo

4 **Copia y completa.**

Raúl regaba las  del jardín.

Su  corría alrededor de la casa.

5 **Cambia la *r* por *rr* y forma otras palabras.**

caro ▶ carro

pera ▶

coral ▶

coro ▶

6 **DICTADO. Prepara el dictado para hacerlo en tu cuaderno.**

Fíjate bien en las palabras que tienen el sonido **R** fuerte.

Una sabrosa lección

La madre miraba a su hijo por el rabillo del ojo y sonreía. Estaba segura de que la próxima vez, le haría caso sin rechistar. Pedro había reconocido pronto su error. Ahora comía tan rápido que iba a terminar con el resto de las cerezas. A este paso le iba a doler la barriga.

Ortografía visual

7 **Memoriza y copia sin faltas.**

Trabajo con otras lecturas

Mermelada de cerezas

Ingredientes:

- Medio kilo de cerezas.
- Medio limón.
- Medio kilo de azúcar.

Preparación de la mermelada:

– **Primero** se quita el hueso a las cerezas.
– **Luego** se exprime medio limón y se mezcla con las cerezas.
– **Después** se ponen a cocer las cerezas con el azúcar durante media hora. Hay que ir removiendo para que no se pegue la mezcla y hay que quitar la espuma que se forma.
– **A continuación** se deja enfriar un poco la mermelada.
– **Por último** se mete en tarros para utilizarla cuando se quiera.

1 **Comenta con tus compañeros.**

- ¿Es necesario tener una receta para poder cocinar?
- ¿Se puede hacer una receta si faltan los ingredientes? ¿Por qué?
- ¿Se puede hacer una receta si falta el modo de preparación? ¿Por qué?

2 **¿Dónde podemos encontrar recetas como la que has leído? Marca.**

☐ En cualquier periódico.
☐ En un libro de cuentos.
☐ En un libro de cocina.
☐ En un diccionario.

3 **¿Qué se necesita para hacer mermelada de cerezas?**

____

____

____

4 **¿Cómo se hace la mermelada de cerezas? Une.**

Primero •	• Se deja enfriar un poco la mermelada.
Luego •	• Se exprime medio limón y se mezcla con las cerezas.
Después •	• Se quita el hueso a las cerezas.
A continuación •	• Se ponen a cocer las cerezas con el azúcar.
Por último •	• Se guarda la mermelada en tarros.

5 **Escribe ahora una receta para hacer mermelada de ciruelas.**

Solo tienes que fijarte en la actividad 4 y cambiar una fruta por otra.

Primero se quita ______

Luego se exprime ______

______ Después ______

______ A continuación

______

Por ______

______

6 **¿Qué comida se puede preparar con cada ingrediente?**

______

______

7 **Inventa una receta de cocina y explícasela a tus compañeros.**

Escribo textos

1 **Lee el cartel y marca.**

¡COGE TU CÁMARA Y... CLIC!

¿CONOCES ALGÚN SITIO BONITO:
UNA PLAYA, UN BOSQUE, UNAS MONTAÑAS...?

PUES HAZ UNA FOTO DE ESE LUGAR, DÁSELA
A TU PROFE ANTES DEL 31 DE MARZO Y CONCURSA.

El nombre del premiado se dará a conocer
el 3 de abril en el patio del colegio.

- El cartel anuncia un concurso de…
  - ☐ fotografía
  - ☐ trabajos manuales
- El concurso se va a celebrar en…
  - ☐ una playa
  - ☐ un colegio
- El ganador del concurso se conocerá…
  - ☐ antes del 31 de marzo
  - ☐ el día 3 de abril

2 **Elige un concurso y haz un cartel.**

Concurso de dibujo

Concurso de baile

CONCURSO DE

Repaso y practico

1 **Copia lo correcto.**

- *El, la, los, las* son sustantivos.
- *El, la, los, las* son artículos.

______

2 **Escribe sus nombres con el artículo delante.**

la ______ | ______ | ______

3 **Completa con *r* o *rr*.**

___ana   pue___o   al___ededor   son___isa

4 **Completa.**

La  ______ es de color ______

La  ______ sirve para ______

5 **RECUERDA LO QUE SABES. Cambia los sustantivos y los artículos.**

De masculino a femenino		De singular a plural	
el niño ▶	la niña	el niño ▶	los niños
el oso ▶		el oso ▶	
el pastor ▶		el pastor ▶	

Para leer mejor

1 **Lee las oraciones con la entonación adecuada.**

Mañana es fiesta.
¿Mañana es fiesta?
¡Mañana es fiesta!

Felipe ya ha visto la película.
¿Felipe ya ha visto la película?
¡Felipe ya ha visto la película!

2 **Lee el texto fijando la vista en las palabras coloreadas.**

En **el** parque
que está **al** lado de la casa
de la abuela **de** mi amigo Andrés,
hay un enorme lago. **Muchas** mañanas de domingo
voy con mi amigo **para** montar en las barcas.
Lo paso **muy** bien con él,
y **él** conmigo.

3 **Lee y aprende estos trabalenguas.**

Léelos primero despacio y luego deprisa.

En el monte vive la carracatapla
con cuarenta carracataplitos.
Cuando canta la carracatapla,
cantan los carracataplitos.

No hay quien me gane, con maña,
a decir tres veces ocho,
que de troncho, corcho y hacha,
hacha, corcho, troncho y ocho.

Para escribir mejor

1 Copia imitando la letra.

Manuel Daniel Rafael Gabriel

Alba Ágata Adela Ángela

2 Pasa a limpio con bolígrafo esta dedicatoria.

Para mi mejor amiga.
¡Espero que te guste!
Marta

3 Copia la oración dos veces con buena letra.

¡Qué bonita es la primavera!

4 Practica tu firma aquí.

10 Yamil y la Luna

MI PRIMER DICCIONARIO

soga

Cuerda gruesa hecha de esparto.

*La **soga** medía cuatro metros.*

artilugio

Aparato o mecanismo complicado.

*Ella inventó un **artilugio** para la lluvia.*

- ¿Qué cosas se pueden atar con una soga?
- ¿Qué artilugio te gustaría inventar? ¿Para qué serviría?

Una noche, un hombre llamado Yamil salió a buscar agua. Cuando levantó la tapa de su pozo, se llevó un buen susto.

«¡Oh! ¡Es la Luna! ¿Cómo habrá ido a parar ahí?», se preguntó muy extrañado.

Efectivamente, allí abajo, en el fondo del pozo, se reflejaba la Luna blanca, redonda y brillante.

Yamil pensó que se encontraba ante un grave problema. ¡La mismísima Luna se había caído dentro de su pozo! ¡El mundo entero se estaría preguntando dónde estaba! Tenía que sacarla de allí cuanto antes, pero ¿cómo? Yamil se puso a pensar hasta que se le ocurrió una solución: pediría ayuda a sus vecinos. Casi inmediatamente descartó esa idea.

«Mejor no: creerán que he sido yo quien ha metido la Luna en el pozo», pensó Yamil.

Y siguió buscando una solución, hasta que por fin...

«¡Ya lo tengo! Intentaré pescarla», dijo para sí.

Yamil salió disparado hacia su casa. Allí estuvo rebuscando en un enorme baúl. Y, al cabo de un rato, volvió al patio con una gruesa y larga **soga** en una mano y un enorme gancho de hierro oxidado en la otra.

Luego, se sentó junto al pozo y se puso a atar el gancho a la soga.

«No ha quedado nada mal», pensó satisfecho mirando el **artilugio** que había conseguido fabricar.

«Con un poco de suerte, la Luna volverá a estar en su sitio en menos que canta un gallo».

Desde la boca del pozo, Yamil lanzó la cuerda y la sujetó con fuerza por el extremo. El gancho quedó atascado en el fondo y, al tirar, notó que algo ofrecía resistencia. Entonces, tiró más fuerte.

«¡Uf! ¡Cuánto pesa! Pero esta vez, seguro que sale... Uno, dos y... ¡tres!».

Yamil tiró tan fuerte que la cuerda se desató del gancho y él cayó de espaldas en el suelo. ¡Qué golpe se dio! Cuando se recuperó del susto, todavía tumbado en el patio, abrió los ojos y vio el cielo. Y entonces, se puso muy contento. ¡La Luna estaba de nuevo ahí arriba, en el lugar de siempre!

«¡Vaya! Menos mal. Por fin he conseguido devolverla a su sitio», pensó.

Y Yamil se fue a dormir convencido de que había sido él quien había logrado pescar la Luna y lanzarla por los aires al cielo.

Trabajo con el cuento

COMPRENSIÓN

1. **¿Qué vio Yamil en el pozo?**

2. **¿Qué creyó Yamil que le había ocurrido a la Luna?**

Yamil

3. **¿Qué soluciones se le ocurrieron a Yamil?**

Primera solución ▶

Segunda solución ▶

4. **Copia la oración que es verdad.**

- Yamil se dio cuenta de que en el pozo solo se veía el reflejo de la Luna.
- Yamil creyó que había sacado la Luna del pozo.

5. **Tacha los dos errores y copia cambiando esas palabras.**

Esta es la historia de una mujer que cree que la Luna se ha caído en su estanque.

Esta es la historia de

DRAMATIZACIÓN

6 Dramatiza con tus compañeros.

VECINO: Hola, Yamil. ¿Has visto qué bonita está la Luna?

YAMIL: Sí, está preciosa. Pero hay que tener cuidado. A veces, se cae.

VECINO: ¿Cómo que la Luna se cae? No te entiendo.

YAMIL: Pues que se cae. Así, sin más. Y luego puede aparecer en cualquier sitio. En un pozo, por ejemplo. Y hay que pescarla.

VECINO: Yamil, creo que no sabes muy bien lo que dices.

YAMIL: ¡Ay, ya sabía yo que nadie me creería! Pues, lo creas o no, un día la Luna se cayó y fui yo quien consiguió ponerla de nuevo en el cielo.

VECINO: ¡Pero, Yamil, déjate de tonterías! Anda, mira lo bonita que está y calla. ¿A que da gusto verla?

Competencias básicas

7 ¿Cómo convencerías a Yamil de que la Luna no se ha caído en su pozo? Copia dos ideas.

- Pidiéndole que mire al cielo para que vea que sigue ahí.
- Diciéndoselo a gritos para que se entere bien.
- Tirando una piedra al pozo para que vea que es un reflejo.

Interacción con el mundo físico

Trabajo con el cuento

TALLER DE LENGUA

8 **Escribe una oración con cada palabra.**

Luna ▶ ______________________

pozo ▶ ______________________

9 **¿Qué significa *en menos que canta un gallo*? Marca.**

☐ En muy poco tiempo. ☐ En un día. ☐ En mucho tiempo.

10 **Escribe lo contrario sustituyendo las palabras destacadas por otras.**

Yamil se puso muy **contento**. ¡La Luna estaba de nuevo ahí **arriba**!

____

____

EXPRESIÓN ORAL

11 **Explica a tus compañeros todo lo que sepas de la Luna.**

Puedes comenzar diciendo dónde lo aprendiste o quién te lo enseñó.

12 **¿De qué tema sabes muchas cosas? Elige y cuenta lo que sabes.**

De mascotas. De deportes. De plantas.

El adjetivo

Las palabras *bonita* y *grande* sirven para decir cómo es o cómo está la Luna. Las palabras *bonita* y *grande* son adjetivos.

Los **adjetivos** son las palabras que dicen cómo es o cómo está una cosa, una persona, un animal…

1 **Contesta con un adjetivo.**

- ¿De qué color es la Luna?
- ¿De qué color es el Sol?
- ¿De qué color es el mar?
- ¿De qué color es la hierba?

2 **Observa y completa con el adjetivo que corresponde.**

sucia rota llena

La jarra está

La mesa está

La botella está

3 **¿Cómo está el perro? Escribe adjetivos.**

Preguntas y exclamaciones

1 **Rodea los signos de interrogación ¿? y de exclamación ¡!.**

Aquella noche Yamil se asomó al borde del pozo.

–¡Qué hondo es! –exclamó–. ¿Tendré cuerda suficiente? ¿Conseguiré llegar a la Luna?

Al final, Yamil decidió intentarlo:

–¡Allá va! –gritó al lanzar la cuerda.

2 **Copia las preguntas y las exclamaciones.**

Preguntas

Exclamaciones

Los **signos de interrogación ¿?** se escriben al principio ¿ y al final ? de las preguntas. Los **signos de exclamación ¡!** se escriben al principio ¡ y al final ! de las exclamaciones.

3 **Escribe signos de interrogación o de exclamación.**

☐ Qué lejos está ☐   ☐ Dónde le duele ☐

☐ Por qué no vienes ☐   ☐ Ten cuidado ☐

4 **Elige una de estas palabras y escribe una pregunta.**

qué   quién   dónde   cuándo

5 **Ordena las palabras y escribe.**

torre | alta! | ¡Qué | tan

allí? | vivirá | ¿Quién

6 **Inventa una pregunta o una exclamación.**

7 **DICTADO. Prepara el dictado para hacerlo en tu cuaderno.**

Fíjate bien en las preguntas y en las exclamaciones.

Cuestiones pendientes

Yamil no podía dormir. ¡Qué nervios había pasado! No podía parar de pensar. ¿Estaría mojada la Luna? ¿Cuánto tardaría en secarse? ¿Qué pasaría si se caía otra vez? Había que tapar el pozo. ¡Cómo no lo había pensado antes!

Ortografía visual

8 **Memoriza y copia sin faltas.**

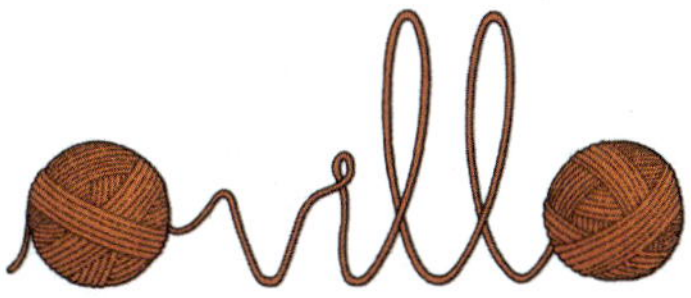

Trabajo con otras lecturas

Los astros

Redondo es el Sol
como un girasol.
Redonda, la Luna
como una aceituna.

Redondo, Saturno
espera su turno
con muchos anillos
para sus dedillos.

Redondo, Plutón
y bobalicón.
Todos de puntillas
bailan seguidillas.

La Tierra, redonda,
haciendo su ronda
recita algún verso
por el universo.

La Tierra, poeta,
es mi gran planeta.

M.ª Luisa García Giralda

Recitar un poema consiste en aprenderlo y decirlo en voz alta.

1 **¿Cómo prefieres recitar poemas? Marca y explica por qué.**

☐ Yo solo. ☐ Con toda la clase. ☐ Con mi mejor amigo.

2 **Recita el poema con tus compañeros. Hacedlo así:**

- Formad grupos de cuatro niños.
- Cada niño se aprenderá de memoria un conjunto de cuatro versos. Además deberá aprenderse los dos versos del final.
- Luego, los miembros de cada grupo recitarán en cadena el poema.
- Los dos versos del final los recitarán a coro los cuatro niños.

3 **Copia los astros que se mencionan en el poema.**

Júpiter	Marte	Sol	Venus
Saturno	Luna	Tierra	Plutón

4 **Contesta.**

- ¿Qué hace Saturno?
- ¿Qué hace la Tierra por el universo?
- ¿Qué hacen todos los astros?

5 **Completa las comparaciones.**

El Sol es redondo como

La Luna es redonda

6 **Inventa otra comparación.**

Tan redondo es el Sol

como

Escribo textos

1 **Lee la noticia y contesta.**

Un extraño fenómeno

La noche del lunes en la localidad de Mansalvilla, se pudo contemplar un extraño fenómeno: el cielo se llenó de puntos luminosos de colores. Los puntos permanecieron fijos en el cielo durante un par de minutos y luego fueron desapareciendo poco a poco.

Los astrónomos, desconcertados, están intentando dar una explicación a lo ocurrido.

- ¿Qué extraño fenómeno ocurrió?

- ¿Cuándo ocurrió lo que cuenta la noticia? ¿Dónde ocurrió?

2 **Imagina que la Luna desaparece de repente del cielo y escribe una noticia para contarlo.**

Debes decir cuándo y dónde desapareció, y escribir el titular de la noticia.

Repaso y practico

1 Completa con adjetivos.

El perro de Ángel es bastante ______

Mi hermana pequeña está hoy ______

2 Escribe una pregunta para cada respuesta.

– ______

–Nací en un pequeño pueblo.

– ______

–Me gusta desayunar chocolate con churros.

3 Escribe una exclamación.

______

4 Copia.

Rubén ha comprado un  de lana.

______

He perdido la  de mi casa.

______

5 RECUERDA LO QUE SABES. Escribe nombres de colores que tengan *r*.

______ ______ ______ ______

REPASO TRIMESTRAL

1 **Completa las oraciones.**

esmero | esmeralda | pedregoso

El camino hacia el río era muy ____________

Felipe hizo su cometa con ____________

El collar tenía una enorme ____________

2 **Relaciona los títulos de los cuentos con los dibujos.**

La fábrica de oro

La herradura

El pequeño héroe

Yamil y la Luna

El engaño del zorro

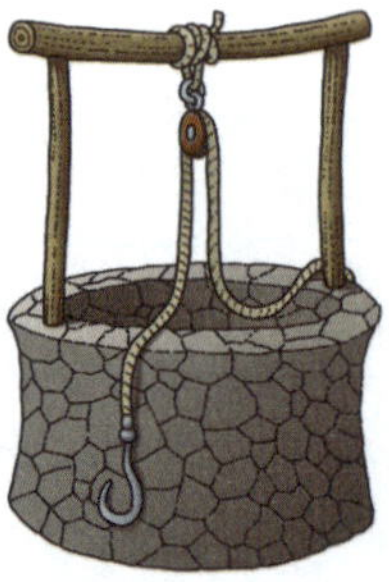

3 **¿Qué palabra sobra en cada familia? Táchala.**

pastel, pastelero, pastor, pastelería

fruta, fuego, frutero, frutería

4 **Escribe ejemplos.**

Nombres propios de persona ▼

____

____

Nombres propios de lugar ▼

____

____

5 **Copia en su lugar.**

raqueta | teléfono | camión | ciudad

Sustantivos masculinos ▼

el

Sustantivos femeninos ▼

la

6 **Clasifica los sustantivos.**

libro | zapatos | silla | ventanas

Sustantivos en singular ▶

Sustantivos en plural ▶

7 **Busca en los títulos de estos cuentos las palabras que se indican y cópialas.**

La ratita presumida

El patito feo

Caperucita Roja

Los artículos ▶

Los adjetivos ▶

8 **Completa con adjetivos.**

Yo tengo el pelo ______ Mis ojos son ______ Soy muy ______

9 **Copia y completa con palabras que llevan *g* o *j*.**

A Julián le encanta jugar al .

Jesús puso las 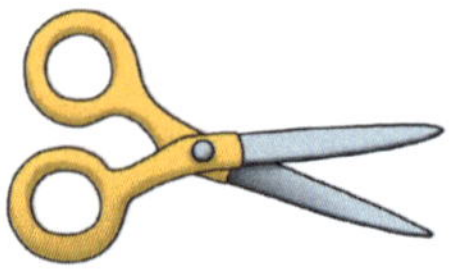 sobre el .

Mi abuelo trajo  y .

10 **Escribe sus nombres.**

11 **Escribe preguntas.**

Para saber la hora ▶

Para saber el precio de algo ▶

12 **Copia y escribe los signos ¡ ! en su lugar.**

- Qué ¡regalo tan bonito!

- ¡! Qué helado tan bueno

13 ¿Qué dos palabras riman con *sombrilla*? Marca.

- [ ] taxista
- [ ] mantequilla
- [ ] sombra
- [ ] pastilla
- [ ] paella

14 Lee y contesta.

El perro Zaranguangüita,
güita, güita,
estaba royendo un hueso,
hueso, hueso,
y como estaba tan tieso,
tieso, tieso,
le daba con la patita.
Zaranguangüita,
güita, güita.

- ¿Cuántos versos forman este trabalenguas?

- ¿Qué palabra rima con *hueso*?

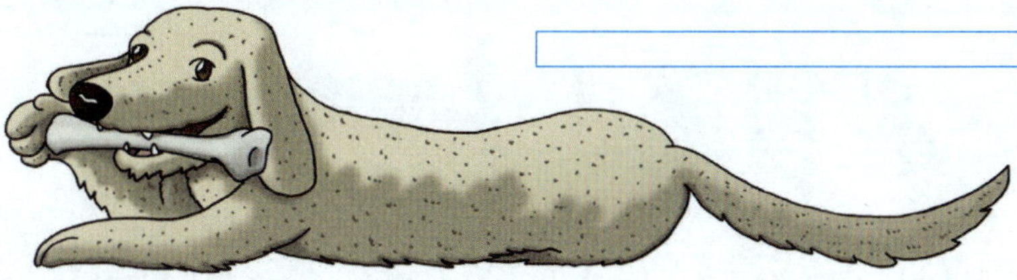

15 Escribe una nota para un amigo.

16 Escribe titulares para estas noticias.

Una noticia sobre un animal.

Una noticia donde se habla de ti.

11 ¡Chist!

MI PRIMER DICCIONARIO

barullo

Desorden, jaleo.

¡Qué ***barullo*** *hay en la calle!*

cuchichear

Hablar bajito para que otros no se enteren.

Ellos ***cuchicheaban*** *en clase.*

- ¿En qué lugares suele haber mucho barullo? Explica.
- Escribe una oración con la palabra *cuchichear*.

Aquel era un barrio como todos. Tenía su plaza, su mercado, algunas casas altas y otras bajas. Y como era un barrio de una gran ciudad, también tenía mucho ruido.

Una mañana de verano, los vecinos vieron llegar un camión de mudanzas y con él, una familia que venía del campo. En esa familia había tres niños, que enseguida quisieron conocer el barrio y buscar nuevos amigos, así que salieron a pasear. Pero... ¿qué encontraron? ¡Ruido y más ruido!

A la vuelta de la esquina, vieron a los mecánicos de un taller que trabajaban en la acera. El ruido de las herramientas era tan fuerte que los chicos tuvieron que taparse los oídos al pasar.

Desde un balcón alguien llamaba a gritos a su perro. Mientras, el perro ladraba a un camionero. El camionero hacía sonar el claxon para avisar al vendedor de periódicos, que gritaba las noticias del día. En medio de este **barullo** ensordecedor, los niños recién llegados ni siquiera podían hablar entre ellos. Querían volver al campo.

Un día, decidieron buscar una solución. Y esa misma noche, tras **cuchichear** un buen rato, se pusieron a escribir varios carteles como este:

A TODOS LOS VECINOS

La nueva familia de la casa rosa ha perdido un valiosísimo pajarito. Es muy pequeño y su canto es tan suave que apenas puede oírse. Quien lo encuentre recibirá una gran recompensa.

Tal pajarito no existía, pero como eso en el barrio no lo sabía nadie, todo el mundo se puso a buscarlo atentamente, en silencio, para poder oír su suave canto.

Una señora, al salir del mercado le hizo ¡chist! a una moto que aceleraba. El vendedor de periódicos dejó de gritar las noticias.

–¿No estará en nuestro árbol? –se preguntaron los mecánicos. Y empezaron a trabajar dentro del taller.

Y así fue pasando el tiempo, buscando y buscando. Sin gritos ni escándalo.

El pajarito no apareció, pero para entonces todos se habían acostumbrado tanto al silencio que ponían mala cara cuando algún coche pasaba rugiendo o tocando el claxon.

Y gracias a esos tres niños venidos del campo, en aquel barrio se pudo vivir al fin sin ruidos.

Trabajo con el cuento

COMPRENSIÓN

1 ¿Qué ruidos hacían?

El perro ________

El ________

____

2 ¿Qué decían los niños en su nota? Marca.

- [ ] Ofrecían una recompensa al que encontrara al pajarito.
- [ ] Pedían a la gente que hiciera menos ruido.

3 ¿Cómo buscaba la gente al pajarito? Copia.

- A gritos, para que el pajarito los oyera.
- En silencio, para oír al pajarito.

____

4 Completa.

Tres ________ se inventaron que habían perdido ________ para acabar con el ________ del barrio.

DRAMATIZACIÓN

5 Dramatiza con tus compañeros.

FRUTERO: ¡Lechugas, lechugas frescas!
SEÑORA: ¡Chist! Estamos buscando un pajarito, ¿sabe? Y si hay mucho ruido, no podremos oírlo.
FRUTERO: Ah, perdón. Entonces, anunciaré mi mercancía en voz más baja. ¡Lechugas, lechugas frescas! ¡Vaya lechuguitas que tengo hoy!
JOVEN: ¡Taxi! ¡Taxi!
SEÑORA: ¡Chist! ¡No grites tanto, por favor!
JOVEN: ¿Por qué? ¿Qué pasa?
SEÑORA: Es que estamos buscando un pajarito perdido. ¿Nos ayudas? No puede andar muy lejos.
JOVEN: Vale. A ver si entre todos lo encontramos.

Competencias básicas

6 ¿Cuáles son los ruidos más molestos del lugar donde vives?

7 ¿Qué ocurre cuando hay mucho ruido en un lugar?

8 ¿Qué se puede hacer para que no haya tanto ruido en las ciudades? Comenta con tus compañeros.

Competencia social y ciudadana

Trabajo con el cuento

TALLER DE LENGUA

9 Busca en el cuento y escribe nombres.

De profesiones ▶ ______ ______

De animales ▶ ______ ______

10 Escribe en su lugar.

¡Chist!

¡Achísss!

VOCABULARIO

11 Repasa y completa.

Un *pájaro* pequeño es un *pajarito.*

Una *casa* pequeña es una ______

12 Repasa y completa.

gato

gatito

gatazo

perro

______

______

El verbo en presente

El perro ladra.

La palabra *ladra* nos dice lo que hace el perro. Las palabras como *ladra* son verbos.

El verbo *ladra* nos dice, además, que el perro lo está haciendo ahora, por eso decimos que está en presente.

Las palabras que dicen lo que hace una persona o un animal se llaman **verbos**. Los verbos que dicen lo que se hace ahora están en **presente**.

1 ¿Qué hace el pajarito? Escribe en su lugar.

vuela   bebe   come

__________ __________ __________

2 Completa con verbos en presente.

El cartero __________ las cartas.

El barrendero __________ las calles.

3 ¿Qué hacen? Escribe verbos en presente.

Inés __________

Raúl y Eva __________

Palabras con *mp* y *mb*

1 **Subraya las palabras que tienen *mp* y *mb*.**

Los tres niños estaban asombrados. ¡Qué avenidas tan amplias! Parecía imposible ir de un sitio a otro sin perderse. Una gran multitud llenaba las calles y había mucho jaleo. Les iba a costar acostumbrarse a la ciudad.

2 **Copia las palabras que has subrayado.**

Con **mp** ▶ __________ __________

Con **mb** ▶ __________ __________

Se escribe **m** antes de **p** y antes de **b**: **mp**, **mb**.

3 **Copia y completa con *n* o *m*.**

Ayer me levanté muy te★prano
y fui al ca★po con mi tío
Hu★berto. Subimos a la cu★bre
de una mo★taña y conte★plamos
el paisaje. ¡Era i★presionante!

____

____

____

____

____

4 **Escribe sus nombres.**

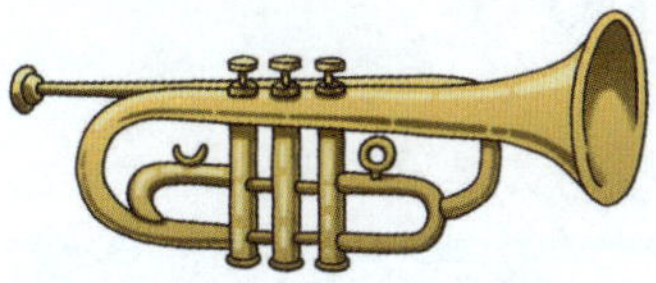

5 **Escribe una palabra con *mp* y otra con *mb*.**

Con **mp** ▶

Con **mb** ▶

6 **DICTADO. Prepara el dictado para hacerlo en tu cuaderno.**

Fíjate bien en las palabras con **mb** o **mp**.

Un gran cambio

Los pájaros empezaron a notar pronto el cambio en el ambiente. Hacía tiempo que nadie se fijaba en ellos y hasta habían perdido la costumbre de cantar. Pero ahora siempre había alguien que se paraba a escucharlos.

Ortografía visual

7 **Memoriza y copia sin faltas.**

Trabajo con otras lecturas

TODO PARA SUS PÁJAROS

Alimentos para pájaros

Semillas de gran calidad.
Enriquecidas con vitaminas
y minerales. 3,5 €

Nidos de pájaros

Nidos de hierba, de mimbre,
de madera...
¡Desde 2 €!

Jaulas

Jaulas resistentes
en tres tamaños.
35, 45 y 50 €

Juguetes para pájaros

Gran variedad de juguetes para
pájaros: bolas, campanas, anillos...
En varios tamaños y colores.
Desde 1 €

Accesorios para las jaulas

Columpios, escaleras,
puentes... Todo para alegrar
la jaula de sus pájaros.
Varios precios.

Para la salud de sus pájaros

Grandes ofertas en champús
y desinfectantes.
¡Compre 2 y pague 1!

El Nido Feliz
C/ Mayor, 17

Visite nuestra tienda o haga su pedido por Internet.

1 ¿De qué es este folleto? Rodea.

- De una tienda de mascotas.
- De un supermercado.
- De un zoológico.

2 Marca la oración verdadera.

- ☐ El folleto pretende que aprendamos cosas sobre los pájaros.
- ☐ El folleto anuncia productos para pájaros.
- ☐ El folleto pretende entretenernos y divertirnos.

3 Lee el folleto despacio y contesta.

- ¿Qué se puede comprar por menos de tres euros?

- ¿Cuánto cuesta un paquete de semillas?

- ¿Cuánto cuesta la jaula más grande?

4 Escribe.

El nombre de la tienda ▶

La dirección de la tienda ▶

5 ¿Qué accesorios se venden para las jaulas? Escribe.

6 Marca lo que es verdad.

- ☐ Si compras dos jaulas, solo pagas una.
- ☐ Si compras dos champús, solo pagas uno.
- ☐ Si compras dos paquetes de semillas, solo pagas uno.

- ☐ En la tienda venden juguetes para niños.
- ☐ En la tienda venden juguetes para niños y para pájaros.
- ☐ En la tienda solo venden juguetes para pájaros.

7 Mira el folleto y explica a tus compañeros todo lo que se vende en la tienda.

Escribo textos

1 **Lee la postal.**

Querido Ramón:

Te escribimos desde Villa del Mar. Es una ciudad muy bonita, que tiene una playa muy grande. Tienes que venir a vernos.

¡Hasta pronto!

Alba y David

Ramón Montero
C/ Monte Alto, 1
22006 Villa Pequeña
Huesca

2 **Rodea en la postal.**

De rojo ▶ El nombre de las personas que han escrito la postal.

De verde ▶ El nombre de la persona que va a recibir la postal.

De azul ▶ La dirección de la persona que va a recibir la postal.

3 **Imagina que le mandas una postal a un amigo desde un lugar al que has ido de viaje. Cuéntale algo sobre ese lugar.**

Repaso y practico

1 **¿Qué haces todos los días? Escribe verbos en presente.**

______ ______ ______

2 **Completa con *mp* o *mb* y copia.**

ro___er co___rar li___iar

______ ______ ______

ca___iar se___rar no___rar

______ ______ ______

3 **Copia sustituyendo los dibujos por palabras.**

Amparo toca muy bien el .

______

Pablo cambió la .

______

4 **RECUERDA LO QUE SABES. Escribe en su lugar.**

azul bombón contento libro

Sustantivos	Adjetivos
______	______
______	______

12 La cigarra y el topo

MI PRIMER DICCIONARIO

provisiones

Conjunto de alimentos que se guardan.

Hay que preparar ***provisiones*** *para el viaje.*

subterráneo

Que está bajo tierra.

El tesoro estaba en una cueva ***subterránea****.*

- ¿Qué provisiones prepararías para una excursión?
- Inventa una oración con la palabra *subterránea*.

Érase una vez una cigarra que se había pasado el verano tocando el violín. Y cuando llegó el invierno, la cigarra se encontró sin nada que comer. No había cultivado la tierra, tampoco había almacenado **provisiones**, ni se había construido una casa, ni se había tejido ropa de abrigo, y ahora el viento helado atravesaba su ligero vestidito.

Entonces fue a ver al escarabajo de grandes cuernos y le dijo:

–Usted es el guarda del bosque y debe portarse bien con todos los animales. Por favor, ¿podría quedarme a vivir con usted este invierno? Tendría que ser gratis.

–¿Gratis? –preguntó él–. En vez de construirte una casa, te has pasado el verano tocando el violín y ahora quieres vivir a costa de los demás. ¡De ninguna manera! ¡Fuera de aquí!

En el exterior hacía un frío espantoso. La cigarra decidió ir a ver al ratón, que vivía con todas las comodidades imaginables dentro de una regadera.

–¿Me dejas quedarme aquí? –preguntó la cigarra–. Solo sería este invierno... Es que no tengo casa.

–¿Que no tienes casa? –gritó el ratón–. Y tampoco tendrás comida, ni dinero... Perdona, pero no puedo ayudarte.

Así que la cigarra tuvo que seguir caminando entre la nieve con su ligero vestidito y su diminuto violín. ¡Y hacía tanto frío...!

Entonces se le ocurrió ir a ver al topo. El topo vivía en una madriguera **subterránea** con calefacción. La cigarra llegó y llamó a su puerta.

–¡Una visita! –exclamó el topo–. Acércate. Soy corto de vista, ¿sabes? Bueno, en realidad estoy ciego debido a la oscuridad que reina bajo tierra, pero eso carece de importancia.

El topo palpó a la cigarra, tanteó su violín y supo que era ella. ¡Menuda alegría le dio!

–¿Puedo quedarme aquí este invierno? –preguntó la cigarra.

–¡Claro que sí! –respondió el topo.

Y la cigarra se quedó. Los dos organizaron una hermosa y cálida vida en común. Guisaban comidas deliciosas, ¡a menudo una olla entera para cada uno! Después de comer tocaban el violín y leían juntos el periódico del bosque, sentados en un sofá mullidito. Y a veces, los domingos la cigarra le arreglaba el pelo al topo. ¡Fueron unos días maravillosos! Quizá la época más feliz de toda su vida.

Trabajo con el cuento

COMPRENSIÓN

1 ¿Qué había hecho la cigarra durante el verano?

2 ¿Qué problema tuvo la cigarra cuando llegó el invierno?

3 ¿A quién fue a ver la cigarra? Numera por orden y escribe.

Primero, fue a ver

Luego, fue

Al final

4 Completa el resumen del cuento.

Una cigarra pasó el verano ________ ________ Al llegar el invierno pidió ayuda al ________ y al ________, pero no le hicieron caso. Al final se quedó ________

DRAMATIZACIÓN

5 Dramatiza con tus compañeros.

CIGARRA: ¿Sabes, amigo topo? Voy a componer una canción para agradecerte lo mucho que me has ayudado. ¡Y será una canción preciosa!

TOPO: ¡Ay, qué ilusión! ¡Una canción para mí!

CIGARRA: Ahora mismo me pongo a afinar el violín y empiezo con ella.

TOPO: ¿Y tú crees que te saldrá una canción alegre?

CIGARRA: Sí, será muy alegre. Algo así como *la, la, la…; taririto…, ta…, ta…*

TOPO: ¡Vaya! *La, la, la…; taririto…, ta…, ta…* Me gusta. ¡Dan ganas de bailar! Pues mira, mientras tú sigues con la canción, yo prepararé un chocolate caliente. ¡Y cuando termines, cantaremos y merendaremos juntos!

Competencias básicas

6 Lee y di si estás de acuerdo.

La cigarra era una artista.

7 Inventa títulos para las canciones que tocaba la cigarra.

Competencia cultural y artística

Trabajo con el cuento

TALLER DE LENGUA

8 Escribe nombres de instrumentos musicales.

violín

9 Localiza en el cuento y copia.

- Una exclamación con tres palabras.

- Una pregunta con cuatro palabras.

EXPRESIÓN ORAL

10 Imagina que eres la cigarra y explica cómo te sientes en cada momento.

Debes decir por qué te sientes así.

11 Piensa y contesta.

¿Qué te hace sentirte muy enfadado?	¿Qué te hace sentirte muy triste?	¿Qué te hace sentirte muy alegre?

12 ¿Qué le dirías a alguien que sabes que está triste?

El verbo en pasado

Ayer el topo limpió mucho.

La palabra *limpió* es un verbo que nos dice lo que hizo el topo ayer en su casa.

Los **verbos** que dicen lo que hemos hecho antes del momento en que estamos hablando están en **pasado**.

1 ¿Qué hizo el topo ayer? Escribe cada verbo en pasado.

barrer ▶ barrió

planchar ▶

cocinar ▶

fregar ▶

2 Contesta usando verbos en pasado.

- ¿Qué comiste ayer?

  Ayer, yo

- ¿A qué jugaste ayer?

  Ayer,

- ¿Adónde fuiste ayer?

  Ayer,

3 ¿Qué tiempo hizo ayer? Escribe.

llover — En el norte

granizar — En el sur

nevar — En el este

Palabras con *br* y *bl*

1 **Subraya las palabras que tienen *br* o *bl*.**

El viento soplaba sin cesar. Todos los animales estaban ya en sus refugios. Solo la cigarra seguía a la intemperie y temblaba de frío. Además estaba hambrienta. Miraba a su alrededor y no veía nada comestible. ¿Cómo podía sobrevivir?

2 **Copia las palabras que has subrayado.**

Con **br** ▶

Con **bl** ▶

Se escribe **b** delante de **r** y delante de **l**: **br**, **bl**.

3 **Relaciona y copia sin faltas.**

En verano	el cielo está nublado.
En invierno	brilla el sol.

4 **¿Qué meses del año se escriben con *br*?**

5 **Copia y completa con palabras con *br* o *bl*.**

Pablo lleva un  rojo.

Blanca lleva un  verde.

Bruno lleva un  azul.

6 **DICTADO. Prepara el dictado para hacerlo en tu cuaderno.**

Fíjate bien en las palabras que tienen **br** y **bl**.

Muy buenos amigos

La cigarra y el topo habían hecho un gran descubrimiento. El topo pensaba que había encontrado a alguien formidable. Gracias a la cigarra, ya no se sentía solo en su madriguera. Y la cigarra estaba segura de que el topo sería un amigo inolvidable. ¡Tenían que celebrarlo!

Ortografía visual

7 **Memoriza y copia sin faltas.**

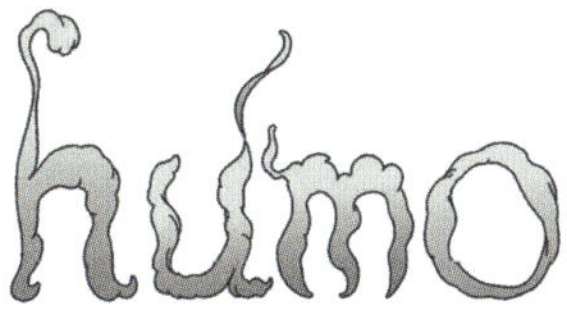

Trabajo con otras lecturas

De magia

Un mago que conozco
llamado Elías
saca de su sombrero
mil tonterías:
espárragos cocidos
y caramelos,
serpentinas usadas
y hasta buñuelos.

También he visto a Rami,
el zapatero,
hacer trucos de cartas
y escupir fuego.

Manolo, el de la tienda,
es un faquir.
Puede pisar los clavos
y sin sufrir.

Yo también hago magia
pues soy bandido,
pirata, aventurero
y cocodrilo.
Y eso, sin hacer trucos,
solo jugando
al juego que se juega
imaginando…

ALICIA BORRÁS

Los autores de los poemas son los **poetas**.

1 **Lee el poema con tu compañero. Podéis hacerlo así:**

– Primero, leed cada uno el poema en voz baja.
– Luego, leed el poema entre los dos diciendo un verso cada uno.

2 **¿Cómo se llama la autora de este poema?**

3 **¿Te gustaría ser poeta? ¿Por qué?**

4 ¿Quién es cada uno? Escribe su nombre.

5 Completa con palabras que rimen.

conejo	cangrejo
león	dragón

Abracadabra,
pata de conejo,
haz que aparezca
un lindo ______

Abracadabra,
cola de ______
haz que aparezca
un fiero ______

6 Inventa y escribe con letras bonitas otro título para el poema.

Escribo textos

1 **Observa y completa.**

Rosa en el ____________

Igor en la ____________

2 **Escribe en su lugar.**

La Torre Eiffel de París

Las pirámides de Egipto

____

____

____

____

3 **Pega una fotografía y escribe un pie de foto para acompañarla.**

Puede ser una foto tuya o puedes recortarla de un folleto o de una revista.

____

____

Repaso y practico

1 De cada par de verbos, copia el que está en pasado.

comió	come

saltaste	saltas

escribo	escribí

2 Copia y completa.

Luisa metió la carta en un  .

Braulio le pidió al carpintero una 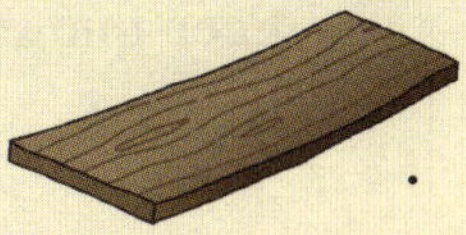 .

Blanca apagó rápidamente la  .

3 RECUERDA LO QUE SABES. Observa y completa.

- Con sustantivos:

Un ______ marrón.

Una ______ negra.

- Con adjetivos:

Una gallina ______

Un pájaro ______

Para leer mejor

1 Lee en voz alta levantando los ojos del papel al menos tres veces.

Noticias sorprendentes

Hoy, en un pequeño pueblo de las montañas se celebra una curiosa fiesta. Los vecinos del lugar, vestidos con trajes típicos, sacan a sus vacas a los prados. Una vez allí, hombres, mujeres, niños y ancianos comienzan a mugir a coro. Según parece, esta tradición es muy antigua y aunque nadie sabe por qué se originó, todos la mantienen porque dicen que se lo pasan de maravilla..., ¡incluidas las vacas!

2 Lee con dos voces diferentes.

Pon una voz para leer lo que está en azul. Y otra para leer lo que está en negro.

–¡Qué barbaridad! ¡Menudo calor hace hoy! –dijo un peludo oso cuando salió de su cueva–. Voy a darme inmediatamente un baño en el río.

3 Lee en voz alta saltándote las palabras que están repetidas.

Ranas gigantes

¿Sabías que hay ranas que son casi tan grandes como un un recién nacido? Son las ranas ranas Goliat, las más grandes del mundo.

Las ranas Goliat viven en los ríos y pantanos pantanos de algunos países de de África. Estas ranas, a diferencia de otras, no no comen insectos y necesitan alimentos de otro tipo. Entre entre sus manjares favoritos están los pequeños roedores.

Y ahora que ya ya sabes algo de estas ranas, ¿te gustaría tener una como mascota?

Para escribir mejor

1 **Copia con buena letra separando las palabras.**

Elpuente

¡Quéhermososeveelpuente
depiedrasobreelrío!
Abajo,lacorriente;
arriba,elcaserío.
¡Quéhermososeveelpuente
depiedrasobreelrío!

AMADO NERVO

2 **Escribe, sin torcerte, una dedicatoria para un regalo.**

13 Los robots

MI PRIMER DICCIONARIO

amasijo

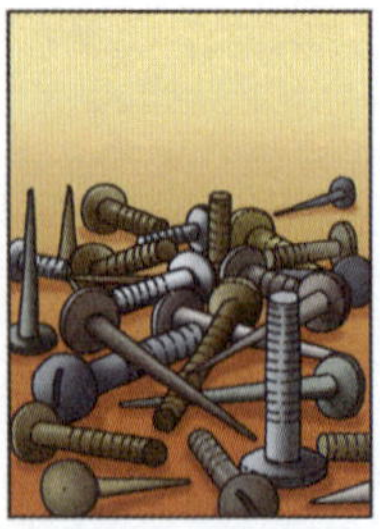

Mezcla de cosas diferentes sin ningún orden.

Se formó un ***amasijo*** *de clavos y tornillos.*

ensordecedor

Se dice del sonido o ruido muy fuerte, que no deja oír bien.

¡El ruido de este motor es ***ensordecedor****!*

- Busca en la lectura la palabra *amasijo*. ¿De qué está formado ese amasijo?
- Di ruidos que puedan resultar ensordecedores.

En la fábrica de coches de Oranotawa hubo un lío tremendo porque los trabajadores se negaron a realizar una serie de tareas. Por ejemplo: limpiar los lavabos, ensuciarse las manos de grasa en la sección de tornillos, trabajar por la noche...

La junta directiva se reunió en una mesa superlarga y llegaron a la conclusión de que lo mejor sería fabricar robots para que se ocuparan de las tareas que los obreros no querían hacer. Además, los robots dirían siempre a todo que sí.

Se destinaron tres robots a los lavabos, diez a los tornillos y otros cinco al turno de noche. Iban rectos y hacían todo lo que les tocaba, sin desviarse ni un milímetro.

Hasta que, una noche, hubo un pequeño terremoto en la ciudad. La gente apenas lo notó, se movieron un poco las lámparas y saltaron un poquito los vasos. Poca cosa. Pero ese pequeño movimiento hizo que en la fábrica de coches todo se desplazara unos centímetros. Total, que los robots encargados de los lavabos echaron fuera de los cubos el agua y el detergente. Y los que trabajaban en la sección de tornillos empezaron a esparcir la grasa fuera de la máquina. Los únicos robots que pudieron seguir desempeñando su función fueron los vigilantes del turno de noche, que se pusieron a pitar como locos; pero, como era de noche, nadie los oyó.

Al día siguiente, cuando llegaron los jefes, se encontraron en la fábrica un **amasijo** de detergente y grasa. ¡Y por todas partes se oían unos pitidos **ensordecedores**!

Entonces, se volvió a reunir la junta directiva, que reconoció que para trabajar no había nada como un ser humano; así que revisaron los contratos y aumentaron los sueldos de quienes se ocupaban de las tareas más desagradables. De ese modo, el que limpiaba los lavabos ganaba prácticamente lo mismo que un director.

Y os preguntaréis ¿qué hicieron con los robots? ¡No los iban a tirar! Los programaron para inventarse canciones y hoy en día la fábrica de Oranotawa es famosa porque todo el que entra allí queda sorprendido por las maravillosas melodías que salen de las máquinas.

Trabajo con el cuento

COMPRENSIÓN

1 ¿Qué trabajos se negaban a realizar los obreros?

2 ¿Qué decidió hacer la junta directiva cuando los trabajadores se negaron a trabajar?

3 ¿Qué ocurrió una noche en la ciudad?

4 ¿Cómo quedó la fábrica tras el terremoto? Marca y explica.

5 Completa el final del cuento.

Al final, los jefes se dieron cuenta de que

DRAMATIZACIÓN

6 Dramatiza con tus compañeros.

JEFE: ¡Obreros, obreras, escuchadme! La junta directiva os pide que volváis cuanto antes a vuestros puestos de trabajo.

OBREROS: ¿Cómo? ¿Por qué? ¿Y los robots?

JEFE: El experimento con los robots no ha funcionado. ¡Mirad qué desastre! ¡Todo está lleno de grasa y de detergente!

OBREROS: ¡Ya sabíamos que ocurriría algo así!

JEFE: Bueno, os subiremos el sueldo. ¡Y tendréis más vacaciones!

OBREROS: ¿Y vais a despedir a los robots?

JEFE: No, no. Nada de despidos. Ya buscaremos algo que puedan hacer. Se quedarán con nosotros.

OBREROS: ¡Tres hurras por esta decisión! ¡Hurra, hurra, hurra!

Competencias básicas

7 Imagina que eres uno de estos trabajadores e intenta convencer a los jefes de la fábrica para que te suban el sueldo.

8 Habla con tus compañeros. ¿Crees que en una fábrica todo el mundo debe ganar lo mismo?

Autonomía e iniciativa personal

Trabajo con el cuento

TALLER DE LENGUA

9 **Escribe lo contrario cambiando la última palabra.**

Los robots dirían siempre a todo que sí.

10 **Pide a un compañero que te dicte tres palabras con *v* o con *b* del cuento.**

VOCABULARIO

11 **Copia en su lugar.**

- sierra
- destornillador
- martillo
- alicates

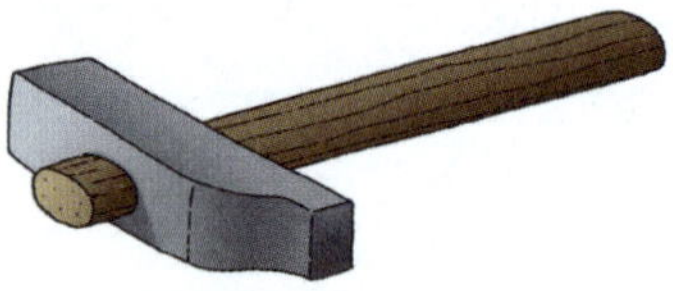

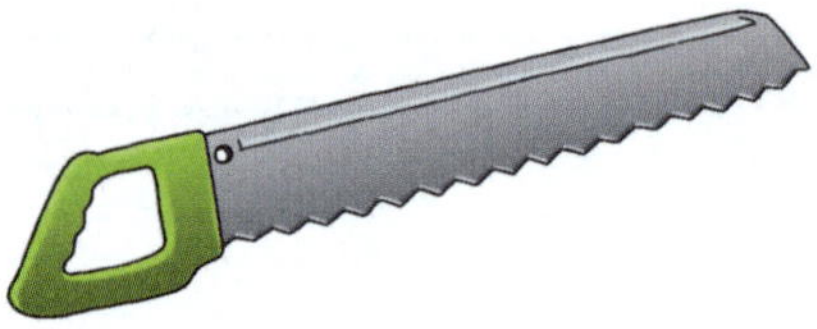

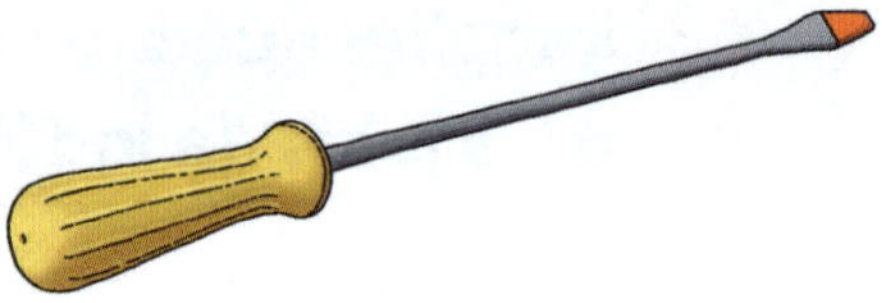

12 **Forma grupos de palabras.**

Nombres de muebles

Nombres de vehículos

El verbo en futuro

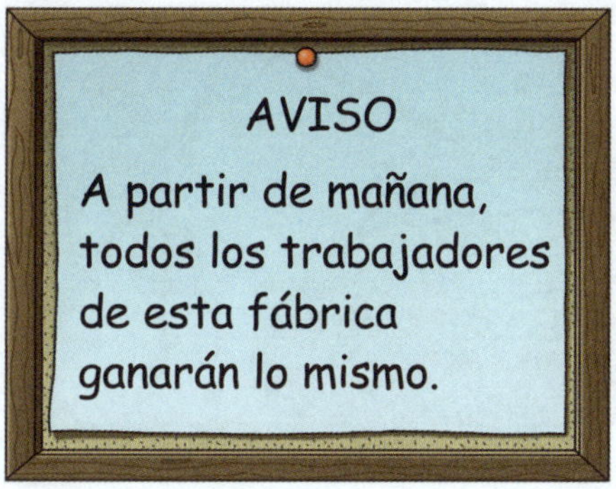

La palabra *ganarán* es un verbo que nos dice algo que ocurrirá en la fábrica a partir de mañana.

Los **verbos** que dicen lo que ocurrirá después del momento en que estamos hablando están en **futuro**.

1 Colorea los tres verbos que están en futuro.

caminaré | duermo | escribí | hablarás | limpiará

2 Escribe el verbo en futuro y completa como quieras.

- Roberto **juega** hoy al baloncesto.

Roberto ______ mañana ______

- Elisa **desayunó** ayer cereales.

Elisa ______ mañana ______

3 ¿Qué harás el próximo verano? Contesta usando verbos en futuro.

Si vas a la montaña

______

______

Si vas a la playa

______

______

La coma

1 **Lee parándote un poco en cada coma.**

Los robots acabaron haciendo de todo: vigilaban, limpiaban, montaban las piezas, pintaban los coches y hasta los probaban. Pero todo lo hacían en silencio.

2 **Copia los trabajos que hacían los robots.**

Los robots acabaron haciendo de todo:

> **La coma** nos dice que debemos pararnos un poco al leer.
> Se escribe coma para separar las palabras que forman parte de una serie o enumeración.

3 **Copia sustituyendo las estrellas por comas.**

El serrucho ★ el martillo ★ los alicates y la lima están en la caja de herramientas.

Las bayetas ★ la escoba ★ el cubo y la fregona están en el armario de la limpieza.

4 **¿Qué hace Roberto? Completa.**

Pon comas para separar las tareas.

TAREAS DE ROBERTO

Poner la mesa.
Colocar su ropa.
Sacar la basura.
Pasear al perro.

Roberto ayuda mucho en casa:

pone ______________________

____

____

5 **¿Qué tareas haces tú en casa?**

____

____

6 **DICTADO. Prepara el dictado para hacerlo en tu cuaderno.**

Un trabajo agradable

El ambiente en la fábrica era estupendo. Los montadores, los pintores, los limpiadores y también los jefes estaban encantados en sus puestos. Al ritmo de la música silbaban, cantaban bajito y hasta movían con disimulo los pies.

Ortografía visual

7 **Memoriza y copia sin faltas.**

______________ ______________ ______________

Trabajo con otras lecturas

El Notición

Un pequeño gran inventor

Un niño inventa un sistema para evitar que los pájaros choquen contra los cristales

Hoy, en las noticias de todo el mundo, un niño canadiense es el protagonista. Se llama Charlie Sobcov y ha ideado una manera de evitar que los pájaros se choquen contra los cristales de las ventanas.

Todo empezó cuando Charlie se enteró de que todos los años miles de pájaros morían por esta causa. Le dio tanta pena que decidió inventar algo para evitarlo. Y el invento es una especie de pegatina que, colocada en el centro de los cristales de cualquier casa o edificio, advierte a las aves del peligro.

Lo particular de esta pegatina es que las personas no podemos verla, pero las aves sí.

Gracias al sencillo invento de un niño, miles de aves salvarán sus vidas.

1 Contesta.

- ¿En qué periódico está publicada la noticia?

- ¿Cuál es el titular o título de la noticia?

2 ¿Qué ha inventado el niño?

3 **¿Quiénes pueden ver la pegatina? Marca y explica.**

4 **Copia solo lo que has leído en la noticia.**

- Todos los años mueren miles de aves al chocar contra las ventanas.
- A Charlie le han ayudado sus amigos a realizar el invento.
- La noticia ha recorrido todo el mundo.

5 **Completa con los datos del niño de la noticia.**

CARNÉ DE INVENTOR

Nombre:

Apellido:

Nacionalidad:

6 **¿Qué le preguntarías a Charlie en una entrevista?**

Escribo textos

1 **Lee con atención.**

Rayo Veloz, el coche estrella del año, es un coche grande y resistente. Tiene dos puertas y una pequeña hélice en el techo que le permite levantarse unos metros del suelo. Con Rayo Veloz no hay obstáculos en la carretera.

2 **Contesta.**

- ¿Cómo se llama el modelo de coche? ____________________
- ¿Cómo es el coche?

  El coche es ____________________ y ____________________
- ¿Qué tiene el coche en el techo?

  El coche tiene ____________________

3 **¿Qué palabras pueden servir para explicar cómo es un coche? Marca.**

☐ bonito ☐ dulce ☐ rojo ☐ nuevo ☐ tímido

4 **Dibuja tú otro coche y explica cómo es y qué tiene.**

____

____

____

____

____

____

Repaso y practico

1 **Clasifica estos verbos.**

como hablo comí hablaré comeré hablé

Presente	Pasado	Futuro

2 **Observa y contesta. ¿De qué es este helado?**

Es un helado de

3 **Escribe.**

Eva metió en el lavaplatos un  .

El dentista me regaló un 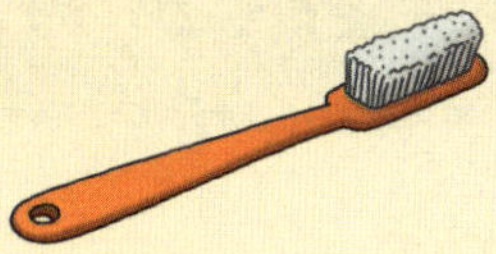 de dientes.

En lo alto de la colina hay un  .

4 **RECUERDA LO QUE SABES. Escribe.**

Dos nombres propios ▶

Tres artículos ▶

14 El anillo del rey

MI PRIMER DICCIONARIO

explanada

Terreno allanado, sin edificios ni árboles.

El tío Raúl aparcó en la ***explanada****.*

conjuro

Fórmula mágica que se dice para conseguir algo.

La bruja pronunció un ***conjuro****.*

- ¿Hay alguna explanada cerca de tu casa o de tu colegio?
- Inventa un conjuro para hacer desaparecer a alguien.

Hace tiempo, gobernó una tribu de África un jefe llamado Buma, que tenía un valioso anillo muy admirado por todos. Un día, el anillo de Buma desapareció. El poderoso jefe estaba furioso. ¿Quién se habría atrevido a robarle? Tras mucho pensar, fue a consultar a los ancianos del poblado.

–Solo vosotros podéis ayudarme. Guardáis las enseñanzas de nuestros antepasados y necesito vuestra sabiduría para dar con el ladrón.

–No te preocupes, Buma, encontraremos al culpable –dijo uno de ellos.

Horas después, uno de los ancianos hizo reunir a todos los habitantes del poblado en una gran **explanada** y mandó llevar allí tantos palos de madera como hombres y mujeres había. Después, a la vista de todos, ordenó cortar todos los palos a la misma medida y pronunció un extraño **conjuro** mientras danzaba alrededor de ellos. Luego, habló así:

–¡Escuchad! –dijo el anciano–. Alguien ha robado el anillo de Buma, pero gracias a estos palos mágicos, descubriremos al ladrón. Cada uno cogerá un palo y se lo llevará a casa. Mañana volveremos a vernos aquí.

–¿Y cómo sabremos quién es el culpable? –preguntó una mujer.

–El palo que esté en poder del ladrón crecerá por la noche. Mañana mediremos los palos y daremos con el ladrón: será aquel que tenga el palo más largo.

Al día siguiente los habitantes del poblado volvieron a reunirse.

–¡Vosotros! –ordenó Buma a dos de sus guerreros–, medid los palos.

Los guerreros fueron midiendo uno por uno los palos que traían los miembros de la tribu. Todos eran idénticos. Hasta que apareció un joven cuyo palo medía menos que el resto.

–Este es el ladrón –afirmó el anciano dirigiéndose a Buma.

–¡Pero si mi palo es el más corto! ¡No ha crecido!

–Claro que no. ¡Cómo va a crecer un palo! –respondió el anciano–. Pero como tú pensaste que se trataba de un palo mágico que crecería por la noche, lo has cortado para no ser descubierto.

El gran jefe Buma le dijo al anciano sonriendo:

–Así que los palos no eran mágicos. ¡Nos has engañado a todos! A mí también… ¡Y has descubierto al ladrón!

–Yo no hice nada, fue él mismo quien se delató.

Y una vez más, como había venido ocurriendo desde hacía cientos de años, todos reconocieron que los ancianos de la tribu eran realmente sabios.

Trabajo con el cuento

COMPRENSIÓN

1 **Contesta.**

- ¿Qué problema tenía Buma?

- ¿Quién descubrió al ladrón?

2 **¿Por qué el ladrón cortó su palo por la noche? Marca y copia.**

- [ ] Porque pensaba que el palo era mágico y que crecería.
- [ ] Porque el jefe de la tribu le dijo que lo cortara.
- [ ] Porque todo el mundo en el poblado hizo lo mismo.

3 **Completa.**

el palo más largo | palos | el palo más corto

Un anciano reparte ______ para descubrir a un ladrón. Al principio dice que el que tenga ______ será el ladrón. Pero, al final, resulta que el ladrón era el que tenía ______

DRAMATIZACIÓN

4 Dramatiza con tus compañeros.

GUERRERO 1: ¡Es increíble! ¡De qué manera tan inteligente y sencilla se ha resuelto el asunto del anillo!

GUERRERO 2: A mí no me sorprende, la verdad. Los ancianos del poblado siempre han demostrado su sabiduría.

GUERRERO 1: Bueno, pues ahora que todo ha terminado recojamos los palos. ¡Mira qué lío! ¡Todos por el suelo!

GUERRERO 2: ¿Y qué haremos con ellos? Son palos de una madera excelente, deberíamos darles un buen uso.

GUERRERO 1: Sí, pero ¿cuál?

GUERRERO 2: ¿Se lo preguntamos al gran jefe Buma?

GUERRERO 1: Eso sería lo mejor, pero está muy ocupado. ¡Ya sé! Preguntemos a los ancianos. Ellos nos aconsejarán.

GUERRERO 2: Y Buma estará de acuerdo con lo que decidan.

Competencias básicas

5 Marca.

- Para comprender bien un cuento, es mejor...
  - ☐ Leerlo despacio.
  - ☐ Leerlo todo lo deprisa que podamos.
- Si al leer un cuento no comprendemos alguna palabra...
  - ☐ Lo mejor es saltársela.
  - ☐ Hay que preguntar lo que significa.
- Si hemos hecho mal las actividades sobre *El anillo del rey*...
  - ☐ Es porque eran difíciles.
  - ☐ Es que no hemos entendido bien el cuento.

6 Explica por qué hay que saber leer muy bien.

Aprender a aprender

Trabajo con el cuento

TALLER DE LENGUA

7 **Copia del comienzo del cuento una palabra de cada clase.**

Con **b** ▶ ______ Con **v** ▶ ______

8 **Divide en sílabas estas palabras.**

admiraban ▶ ______ guerreros ▶ ______

9 **Escribe lo mismo cambiando la palabra destacada por otra.**

El poderoso jefe se **enfureció**.

______

EXPRESIÓN ORAL

10 **Lee y opina.**

Debes decir por qué opinas así.

11 **Da tu opinión sobre estos temas.**

Debes escuchar también lo que opinan tus compañeros.

Los niños no pueden ver toda la televisión que quieran.

Los hermanos mayores tienen que cuidar de los pequeños.

El sujeto

Un anciano descubrió al ladrón.

Un anciano descubrió al ladrón es una oración.
En esa oración se dice que quien descubrió al ladrón fue un anciano. *Un anciano* es el sujeto de la oración.

El **sujeto** de una oración es de quien se dice algo.

1 Forma sujetos y completa las oraciones.

Los | anillo

El | palos

__________ era de Buma.

__________ eran largos.

2 Lee las oraciones y contesta.

La respuesta que escribas es el sujeto de cada oración.

El gato está durmiendo en el cojín.

¿Quién está durmiendo en el cojín? ▶ __________

El pez nada en la pecera.

¿Quién nada en la pecera? ▶ __________

3 Inventa y escribe sujetos.

__________ llegaron muy tarde.

__________ vendrán mañana a casa.

Palabras terminadas en *y*

1 **Subraya las palabras que terminan en *y*.**

No hay ninguna duda. El ladrón es alguien muy cercano, una persona del mismo poblado. El rey no puede creérselo. Hasta hoy este era un lugar tranquilo. Todos cumplían la ley.

2 **Copia las palabras que has subrayado.**

Se escriben con **y** las palabras que terminan en **ay**, **ey**, **oy** y **uy**, menos *fui*.

3 **Copia.**

Eloy se asomó a la cueva y dijo:

– No

Saray le respondió:

–

4 **Completa con la palabra *muy* y repasa.**

Carla es fuerte y ágil.

5 **Completa.**

voy | soy | estoy

Yo ____ Isabel. ____ al colegio El Sol. ____ en segundo.

6 **Completa.**

Ayer, mis compañeros fueron al parque, pero yo ____ al cine con mi familia.

7 **Escribe una oración con alguna palabra terminada en *y*.**

____

8 **DICTADO. Prepara el dictado para hacerlo en tu cuaderno.**

Fíjate bien en las palabras que terminan en **y**.

Un gran cambio

Fui yo quien robó el anillo, pero estoy arrepentido. Nunca más voy a volver a hacerlo. El rey ha sido muy generoso conmigo y me ha perdonado. Soy una persona con suerte.

Ortografía visual

9 **Memoriza y copia sin faltas.**

____

____

____

Trabajo con otras lecturas

A la rueda, rueda

A la rueda, rueda
que cayó del cielo
al agua del río
un lindo lucero.

A la rueda, rueda
que la princesita
para sus cabellos
quiere la estrellita.

A la rueda, rueda
que se enoja el rey
y ordena a los pajes
que no se la den.

A la rueda, rueda
que llega el galán
y a la princesita
se la ofrecerá.

A la rueda, rueda
que se casarán
y el rey y la reina
a la boda irán.

JUANA DE IBARBOUROU

En algunos poemas hay versos que se repiten.

1 **Copia el verso que aparece varias veces en el poema.**

2 **Leed el poema en cadena.**

El verso que se repite lo leeréis todos juntos.

3 **¿Quién no aparece en el poema? Marca.**

4 **Colorea igual las palabras que riman.**

cielo	▶	río	rueda	pañuelo
princesita	▶	cabellos	casita	pajes

5 **Copia sustituyendo los dibujos por palabras que rimen.**

A la rueda, rueda
que cayó del cielo
al agua del mar
un lindo .

A la rueda, rueda
que la princesita
para sus muñecas
quiere una .

6 **Completa y aprende.**

Rueda que rueda

A la  ______,  ______
que viene y que va,
cuando sale la  ______
el  ______ ya no está.

Escribo textos

1 Lee y completa el texto.

blancas | bonito | alto

Villa Preciosa es un pueblo muy ______. Todas las casas son ______ y tienen el tejado rojo. En el centro del pueblo hay una plaza con un árbol muy ______

2 Elige y completa.

pueblo ciudad | grande pequeño

Marta vive en una ______ muy ______

Andrés vive en un ______ muy ______

3 Explica dónde vives y cómo es ese lugar.

Yo vivo en ______

Es ______

Las casas son ______

Repaso y practico

1 ¿Cuál es el sujeto de la oración? Marca y copia.

Los piratas escondieron el tesoro.

☐ los piratas

☐ escondieron el tesoro

Sujeto ▶ ____________________

2 Copia sustituyendo los dibujos por palabras.

Mi abuela me ha tejido un bonito .

____

Federico se disfrazó de .

____

3 Escribe sus nombres.

____________________ ____________________ ____________________

4 RECUERDA LO QUE SABES. Escribe una palabra de cada clase.

Con **gue** ▼ ____________________

Con **que** ▼ ____________________

Con **rr** ▼ ____________________

Con **gui** ▼ ____________________

Con **qui** ▼ ____________________

Con **r** ▼ ____________________

Para leer mejor

1 **Lee estas oraciones con palabras cortadas.**

El verano está cerca. ¡Llegan las vacaciones!

2 **Lee estos carteles.**

No hay entradas para la función de las 8.

Cerrado los lunes por descanso. Disculpen las molestias.

3 **Subraya las palabras que corresponden a cada dibujo.**

Tomate Toma té

Espera Es pera

La mía Lamía

4 **Lee y subraya las palabras que son diferentes.**

Azucena fue el sábado a la playa. Allí se encontró con su amiga Patricia. Las dos jugaron y merendaron salmón y frutas.

Azucena fue el sábado a la plaza. Allí se encontró con su amiga Alicia. Las dos jugaron y merendaron jamón y frutas.

Para escribir mejor

1 **Copia como se indica.**

Reduciendo la distancia entre palabras.

Fabián estuvo conmigo el domingo.

Fabián estuvo

Las gallinas cacareaban en el corral.

Aumentando un poco la distancia entre palabras.

A Paloma le encanta ver amanecer.

¡Qué bien que vengan los primos!

2 **Copia sin torcerte sobre la raya y en el recuadro en blanco.**

Muy pronto terminará el colegio.

15 Las palabras

MI PRIMER DICCIONARIO

manjar

Comida exquisita.

El marisco es un ***manjar****.*

oasis

Lugar con plantas y agua en medio del desierto.

Los camellos bebían en el ***oasis****.*

- Di nombres de alimentos que podrían considerarse un manjar.
- ¿Habías oído hablar antes de los oasis? ¿Cuándo?

NARRADOR: Hace tiempo, dos hombres de dos países lejanos se encontraron en el desierto, camino de Bagdad. Los caminantes estuvieron hablando amigablemente durante un buen rato, pero, de pronto, se pusieron a discutir. Como casi siempre, la disputa empezó por una cuestión sin importancia.

TARKÁN: ¡Oh! ¡Qué camino tan duro! ¡Lo que daría ahora por tomar *uzum*!

AMIR: ¿*Uzum*? Nunca he oído hablar de ese alimento.

TARKÁN: Bueno, es mucho más que un alimento... Su dulzura, su delicado sabor... Es un exquisito **manjar** de mi tierra.

AMIR: Ya. Pues a mí no hay nada que me apetezca más que *angur*. Lo comemos en mi país y, con este calor, me vendría muy bien. ¡Se me hace la boca agua al pensarlo!

TARKÁN: Querido amigo, eso lo dices porque no has probado el *uzum*.

AMIR: Oye, yo he viajado por muchos lugares. Y te aseguro que es la primera vez que he oído hablar del *uzum*. No será tan delicioso como dices.

TARKÁN: Bueno, a lo mejor es que viajas como los camellos, atento solo al suelo que pisas.

AMIR: ¡No consentiré que me ofendas! ¿Acaso has comido tú *angur*?

TARKÁN: No. ¡Ni falta que me hace...!

NARRADOR: Justo en ese momento, se cruzó con ellos un hombre sabio.

SABIO: ¿Qué os pasa? Vuestros gritos se oyen desde las dunas.

TARKÁN: Este, que dice que el *angur* es el mejor alimento del mundo.

AMIR: ¿Y por qué ha de serlo el *uzum* ese del que hablas?

TARKÁN: ¿Cómo te atreves...?

SABIO: ¡Basta, basta! Guardad silencio y calmad vuestros corazones. En aquel **oasis** de ahí aprenderéis algo importante.

NARRADOR: Los tres hombres caminaron hasta el oasis. Allí, el sabio se dirigió a unos vendedores en una lengua que ni Amir ni Tarkán conocían. Luego, los vendedores le dieron al sabio un par de racimos de uvas a cambio de unas monedas. El sabio se los entregó a los caminantes.

SABIO: Aquí tienes tu *uzum*. Y para ti, el *angur* que tanto deseabas.

TARKÁN: ¡*Angur* es la palabra con la que en tu lengua llamáis al *uzum*!

AMIR: ¡Vosotros llamáis *uzum* al *angur*! ¡Qué necios hemos sido!

TARKÁN: ¡Necios y orgullosos! ¡Y pensar que hablábamos de lo mismo...! ¡Perdona, amigo!

AMIR: ¡Perdóname tú también! Y saboreemos este fruto delicioso con el que los dos soñábamos.

Trabajo con la lectura

COMPRENSIÓN

1 **¿Dónde se conocieron Tarkán y Amir? ¿Hacia dónde iban?**

En el

2 **¿Sobre qué empezaron a discutir Tarkán y Amir? Copia lo correcto.**

- Sobre el mejor alimento del mundo.
- Sobre la mejor ciudad del mundo.
- Sobre el mejor amigo del mundo.

3 **Contesta.**

- ¿Quién consiguió que los dos hombres dejaran de discutir?
- ¿Qué hizo para que dejaran de discutir?

4 **Completa el resumen.**

uzum | uvas | angur

Tarkán pensaba que el mejor alimento del mundo era el ______ Amir pensaba que era el ______ Al final, comprendieron que los dos hablaban de las ______

DRAMATIZACIÓN

5 **Prepara con tus compañeros el vestuario y el escenario para representar en clase *Las palabras*.**

– Elegid la ropa que podría llevar cada personaje e intentad diferenciar a cada uno de ellos. Por ejemplo:

NARRADOR
Un sombrero.

AMIR
Una túnica y un turbante azul.

TARKÁN
Una túnica y un turbante rojo.

SABIO
Una túnica y un turbante verde.

– Preparad, con una mesa, un puesto de frutas y poned en él unas uvas.

6 **Repartid los papeles y representad la obra en clase.**

Competencias básicas

7 **Marca.**

- ¿Qué clase de lectura es *Las palabras*?

  ☐ Es un cuento. ☐ Es una obra de teatro. ☐ Es un poema.

- Los nombres escritos en mayúscula y en rojo indican…

  ☐ Quién es el personaje más importante.
  ☐ Qué personaje es el que habla.
  ☐ Que hay que levantar la voz al leer esa palabra.

8 **¿Te gusta leer obras de teatro? ¿Y verlas?**

Tratamiento de la información

Trabajo con el cuento

TALLER DE LENGUA

9 **Copia de la lectura.**

El nombre de una fruta ▼ ______

El nombre de un lugar ▼ ______

El nombre de un animal ▼ ______

10 **Busca en las primeras cuatro líneas y copia.**

La palabra más larga ▼ ______

La palabra más corta ▼ ______

11 **Escribe una oración con las palabras *desierto* y *calor*.**

______

VOCABULARIO

12 **Completa.**

bosque | racimo | ramo

Un ______ tiene muchas  ______

Un ______ tiene muchas  ______

Un ______ tiene muchos  ______

13 **Piensa y completa.**

Un grupo de ovejas forman un ______

El predicado

Los caminantes querían uvas.

En la oración *Los caminantes querían uvas* se dice de los caminantes que querían uvas. *Los caminantes* es el sujeto de la oración. *Querían uvas* es el predicado de la oración.

El **predicado** de una oración es lo que se dice del sujeto.

1 Completa cada oración con el predicado que le corresponde.

podaba los árboles. | inauguró la biblioteca.

El alcalde ______

El jardinero ______

2 Lee las oraciones y contesta.

La respuesta que escribas es el predicado.

Los bomberos apagaron las llamas.

¿Qué hicieron los bomberos? ▶ ______

El portero paró la pelota.

¿Qué hizo el portero? ▶ ______

3 Inventa y escribe un predicado para completar la oración.

Los niños de segundo ______

Palabras con *h*

1 **Copia las palabras destacadas.**

Tarkán y Amir llevan muchos kilómetros juntos y **han charlado** de todo. Y ahora, por la comida, se ponen a discutir. Seguramente, es su estómago el que se **ha enfadado**. A veces pasa eso cuando no **has comido** nada en todo el día.

Las palabras ***ha***, ***has***, ***han***... se escriben con **h**. También se escriben con **h** las palabras ***hay*** y ***había***.

2 **Contesta usando las palabras destacadas.**

- ¿Dónde **ha estado** Lucas esta tarde?

Lucas ______ en el parque.

- ¿Qué **ha encontrado** Lucas?

Lucas ______ una cesta de mimbre.

- ¿Qué **había** dentro de la cesta?

Dentro de la cesta ______ un montón de manzanas.

3 **¿Qué han hecho en la fiesta del colegio? Completa.**

cantar	Inés ha cantado ________ una canción.
recitar	Hugo ha ________ un poema.
tocar	Marta ________ la guitarra.

4 **Completa con *hay* o *había*.**

Ayer ________ muchos niños en el parque.

En cambio, hoy ________ muy poquitos.

5 **DICTADO. Prepara el dictado para hacerlo en tu cuaderno.**

Fíjate bien en las palabras con **h**.

Un viejo conocido

Hoy, Tarkán ha invitado a Amir a comer en su casa y ha comprado ricos manjares para él. Amir ha aceptado encantado la invitación. No hay nada como compartir una comida con un viejo amigo. Cuando se han encontrado, se han alegrado mucho de volver a verse. Desde que se conocieron en el desierto, se han hecho grandes amigos.

Ortografía visual

6 **Memoriza y copia sin faltas.**

huella ________

llamas ________

hielo ________

Trabajo con otras lecturas

¡Qué difícil!

En el mundo se hablan muchas lenguas diferentes: español, inglés, ruso, chino… La lengua que más personas hablan en todo el mundo es el chino.

El chino se habla sobre todo en China, aunque también se habla en otros lugares, como Singapur.

Aprender chino es muy difícil para nosotros, porque es una lengua muy diferente del español.

La escritura china también es muy diferente de la nuestra. En China, en vez de letras utilizan una especie de dibujos. Según una antigua leyenda, la persona que inventó la escritura se fijó para hacer algunos dibujos en las huellas que dejan las aves sobre la tierra.

Hoy en día la escritura china es muy admirada en todo el mundo. Con un pincel, un poco de tinta y un buen papel o un trozo de seda algunas personas son capaces de hacer auténticas obras de arte.

1 Copia los nombres de lenguas que aparecen en la lectura.

2 Colorea y copia las cinco palabras que están en la lectura.

lengua	lapicero	China	número
Singapur	pincel	aves	escuela

3 ¿De qué trata la lectura? Copia.

- De las lenguas que se hablan en Asia.
- De una leyenda sobre la escritura japonesa.
- Del chino.
- Del español.

4 ¿Qué has leído sobre el chino? Marca.

- ☐ Que es la lengua más hablada en el mundo.
- ☐ Que es una lengua muy moderna.
- ☐ Que la hablan 1200 millones de personas.
- ☐ Que su escritura es muy diferente a la nuestra.
- ☐ Que su escritura es todo un arte.

5 ¿Dónde se dice: al principio, en medio o al final de la lectura?

- La lengua más hablada es el chino. ▶ Al
- La escritura china es muy diferente de la nuestra. ▶
- La escritura china es considerada casi un arte. ▶

6 ¿Cuál de estas fotos elegirías para acompañar la lectura? Explica por qué.

7 Habla con tus compañeros.

- ¿Te gustaría aprender chino? ¿Crees que te resultaría fácil?
- ¿Conoces a alguien que hable chino? ¿Quién es?

Escribo textos

1 **Lee y contesta.**

Julián y Marta van a ir de excursión a la montaña. Entre los dos lo han preparado todo. Julián se ha encargado de las provisiones: bocadillos, fruta y agua en abundancia. Marta ha preparado la ruta: rodearán el lago Dorado, atravesarán el río Sequillo y subirán hasta la cima por la senda del Pedregal.

- ¿Adónde van a ir de excursión Julián y Marta?

- ¿Qué van a llevar?

- ¿Por qué lugares van a pasar?

2 **¿Adónde te gustaría ir este verano? Completa tu plan de viaje.**

Viaje a

Ropa y objetos que llevaré.

Cosas que me gustaría hacer.

Repaso y practico

1 **¿Qué hacen? Inventa y escribe predicados.**

El fotógrafo ______

Mi abuela ______

El gato de Lucía ______

2 **¿Qué ha encontrado el perro? Escribe.**

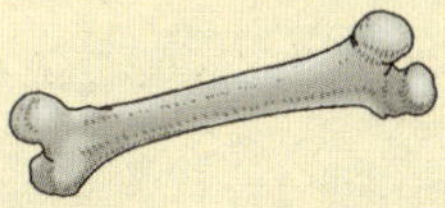

El perro ______ un ______

3 **¿Qué había antes en la plaza? ¿Qué hay ahora?**

Antes

Ahora

En la plaza antes ______

una ______

Ahora ______

______

4 **Escribe sus nombres.**

 ______

 ______

5 **RECUERDA LO QUE SABES.** **Escribe en su lugar el sujeto y el predicado.**

El profesor se despidió de los niños.

Sujeto ▶ ______

Predicado ▶ ______

REPASO TRIMESTRAL

1 **Escribe cada palabra en su lugar.**

cuchichear | provisiones | oasis

2 **¿De qué cuento se habla? Recuerda y escribe el título.**

- Unos niños logran que la gente no haga ruido.
- Un día una fábrica amanece llena de detergente y grasa.
- Gracias a unos palos se descubre a un ladrón.

El anillo del rey

La cigarra y el topo

Los robots

Las palabras

¡Chist!

3 **Forma palabras terminadas en *-ito* y en *-azo*.**

oso

4 **Repasa y añade palabras que hablen de lo mismo.**

chaqueta | pantalón

camiseta

5 Observa los dibujos y completa con verbos.

Ayer

Ahora

Mañana

Ayer, Mario ______________ amapolas en el campo.

Ahora, Mario ______________ un ramo con ellas.

Mañana, Mario ______________ el ramo a su abuela.

6 Escribe dos verbos.

En pasado ▶ ______________ ______________

En presente ▶ ______________ ______________

En futuro ▶ ______________ ______________

7 Observa y escribe. ¿Qué había antes sobre la mesa? ¿Qué hay ahora?

Antes

Ahora

Antes h______________

____

Ahora ______________

____

8 **¿Qué harás en vacaciones? Escribe tus planes.**

En el mes de julio ____________________

____

____

En el mes de agosto ____________________

____

____

9 **Colorea cada sujeto del mismo color que su predicado.**

El gato de Adela	tiene el forro descosido.
Aquel abrigo	son muy amigos.
Miguel y Rosa	se pasea por los tejados.

10 **Escribe sus nombres.**

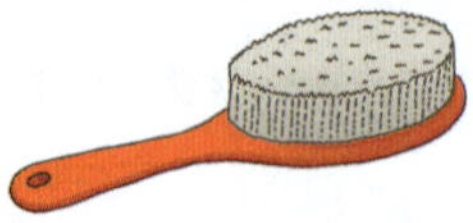
____

____

____

____

____

11 Escribe una palabra de cada clase.

Con **br** | Con **bl** | Con **mb**

12 ¿Cuáles son los días de la semana? Contesta usando comas.

Los días de la semana

13 Escribe un pie de foto para cada imagen.

14 ¿Irás a algún lugar de vacaciones? Explica cómo es ese lugar.

Dirección de arte: José Crespo González.

Proyecto gráfico: Pep Carrió.
Ilustración de cubierta: Max.

Jefa de proyecto: Rosa Marín González.
Coordinación de ilustración: Carlos Aguilera Sevillano.
Jefe de desarrollo de proyecto: Javier Tejeda de la Calle.
Desarrollo gráfico: José Luis García Bermejo, Raúl de Andrés González, Rosa Barriga Gaitán y Jorge Gómez Tobar.

Dirección técnica: Ángel García Encinar.

Coordinación técnica: Julio del Prado Martínez.
Confección y montaje: Raquel Carrasco Ortiz.
Corrección: Pilar Pérez Pardo y Gerardo Z. García García.

Fotografía: A. Toril; F. Ontañón; J. C. Muñoz; J. Jaime; Krauel; M. Barcenilla; A. G. E. FOTOSTOCK/FSG, Hein van den Heuvel, Sabine Lubenow, Gavin Hellier, Peter Adams, Japack; CONTIFOTO/C. Rubio, SYGMA/P. Kyriasis; DIGITALVISION; EFE/SIPA-PRESS/Rebecca Dean; GETTY IMAGES SALES SPAIN/David Neil Madden, Photos.com Plus, Fuse; I. Preysler; ISTOCKPHOTO; JOHN FOXX IMAGES; LOBO PRODUCCIONES/C. Sanz; M. Ortega/J. Frías; MATTON-BILD; SERIDEC PHOTOIMAGENES CD; ARCHIVO SANTILLANA.

Textos narrativos:

Kilómetros de cuello, de Olga Monkman, tomado de *Un rey sin corona*, editorial Alfaguara (Adaptación).

La sopa de clavo, de Debi Gliori, tomado de *Cuentos para ir a dormir*, editorial Timun Mas (Adaptación).

Pablo y el diente, de Francesca Simon, tomado de *Pablo Diablo y el Ratón Pérez*, editorial SM (Adaptación).

La pelea, de Graciela Montes, tomado de *Cuentos del sapo*, editorial Sudamericana (Adaptación).

Calixto y el belén, de Mercè Company, tomado de *Mil años de cuentos*, editorial Edelvives (Adaptación).

La fábrica de oro, cuento popular vietnamita.

El pequeño héroe, leyenda holandesa.

El engaño del zorro, de Laura Roldán, tomado de *Cuentos del Litoral*, editorial Centro Editor de América Latina/ Ediciones Culturales Argentinas (Adaptación).

La herradura, cuento popular.

Yamil y la Luna, cuento popular turco.

¡Chist!, de Sandra Filippi, tomado de *Un cuento y dos más*, editorial Alfaguara (Adaptación).

La cigarra y el topo, de Janosch, tomado de *La cigarra violinista y el topo*, editorial Alfaguara (Adaptación).

Los robots, de Victoria Bermejo, tomado de *2 minutos y se acabó*, editorial RBA (Adaptación).

El anillo del rey, basado en Jay Heale, tomado de *Mis cuentos africanos*, editorial Siruela.

Las palabras, basado en un cuento popular árabe.

Cualquier forma de reproducción, distribución, comunicación pública o transformación de esta obra solo puede ser realizada con la autorización de sus titulares, salvo excepción prevista por la ley. Diríjase a CEDRO (Centro Español de Derechos Reprográficos, www.cedro.org) si necesita fotocopiar o escanear algún fragmento de esta obra.